Vegetarisches Kochbuch

für Studenten

120 Top - Rezepte

Monja Pavic

Vorwort

Vielen Dank das Du Dich für mein Kochbuch entschieden hast.

Sich vegetarisch zu ernähren bedeutet nicht, dass man auf Geschmack und Vielfalt verzichten muss.

Im Gegenteil! Diese Form der Ernährung bietet unzählige Möglichkeiten, seinen Horizont zu erweitern.

Hier bekommst Du eine tolle Ansammlung verschiedener Rezepte für jeden Tagesabschnitt.

Selbstverständlich kannst Du diese auch weiter ausbauen, oder abändern.

Ich wünsche Dir gutes Gelingen und viel Erfolg und Spaß beim Kochen!

P. S: Auf Bilder habe ich bewusst verzichtet um die Druckkosten niedrig zu halten und das Buch günstig anbieten zu können.

Inhaltsverzeichnis

Vorab - Informationen zu den Rezepten

- Die angegebenen Backzeiten stammen von meinem Backofen. Bitte beachte, dass es hier öfter zu Abweichungen kommen kann.
- Solltest Du Ober-/ Unterhitze verwenden, die Temperatur um 20 Grad C erhöhen.
- Alle Rezepte können nach eigenen Wünschen abgeändert werden.
- Gemüse sollte immer in Bioqualität gekauft werden.
- Gemüse immer abwaschen. Das habe ich nicht extra in den Rezepten angegeben.
- Selbstverständlich kann statt Pulver auch ein frisches Gewürz verwendet werden.
- Statt einem Würfel Hefe können 2 Päckchen Trockenhefe verwendet werden.
- Anstelle von Zucker kann natürlich auch Xylith oder Rohrzucker verwendet werden.

Basics

Semmelknödel

Zutaten

- 250 g Knödelbrot (oder Semmeln vom Vortag, in Würfel geschnitten)
- 250 ml Milch
- 2 Zwiebeln
- 3 Eier
- 5 EL Butter
- 3 EL gehackte Petersilie
- Salz und Pfeffer nach Belieben

Zubereitung

- Knödelbrot mit lauwarmer Milch übergießen.
- Eier, Salz und Pfeffer zugeben und gut vermischen.
- Zwiebeln fein würfeln.
- In einer Pfanne Butter erwärmen und Zwiebeln darin glasig anbraten.
- Angebratene Zwiebel mit Petersilie in die Semmelmasse geben untermischen.
- 30 Minuten ruhen lassen.
- Reichlich Salzwasser in einen großen Topf aufkochen.
- Mit befeuchteten Händen Knödel formen und im leicht köchelndem Wasser in 20 min ziehen lassen.

Kartoffelknödel

Zutaten

- 700 g mehlig kochende Kartoffeln
- 75 g Kartoffelstärke (ersatzweise Weizen- oder Maisstärke)
- ½ TL Muskat
- 1 EL Petersilie
- Salz

Zubereitung

- Kartoffeln waschen, mit Schale 25 Minuten in einem Topf garkochen und am besten noch warm pellen.
- Kartoffeln durch die Kartoffelpresse drücken und mit der Kartoffelstärke verkneten und mit Salz und Muskat würzen.
- Den Kartoffelteig mindestens 1 Stunde im Kühlschrank ruhen lassen. Gerne auch über Nacht.
- Kartoffelteig mit feuchten Händen in golfballgroße Knödel formen.
- Wasser in einem großen Topf (wo alle Knödel reinpassen) zum Kochen bringen und leicht salzen.
- Knödel 20 Minuten, bei kleiner Hitze ziehen lassen. Das Wasser soll dabei nicht kochen.
- Die Knödel sind gar, wenn sie oben schwimmen.
- Die Knödel mit Petersilie bestreuen.

Schupfnudeln

Zutaten

- 700 g gekochte Kartoffeln (am besten vom Vortag)
- 1 Ei
- 1 Eigelb
- 100 g Mehl
- 1 TL Salz und 1 EL Salz für die 2 Liter Wasser
- etwas frisch geriebene Muskatnuss
- etwas Butter zum Braten

Zubereitung

- Geschälte Kartoffeln durch eine Kartoffelpresse drücken.
- Restliche Zutaten unterrühren und dann 20 Minuten ruhen lassen.
- Falls der Teig zu weich ist, noch etwas Mehl zugeben.
- Aus dem Teig etwa 3 cm lange, fingerdicke Schupfnudeln formen.
- 2 Liter Wasser aufkochen und salzen.
- Schupfnudeln portionsweise darin kochen, bis diese an die Oberfläche steigen.
- Mit einem Schaumlöffel herausheben und abtropfen lassen.
- Abgetropfte Nudeln in einer Pfanne mit Butter anbraten.

Pfannkuchen

Zutaten (8 Pfannkuchen)

- 200 ml Milch
- 200 g Mehl
- 2 Eier
- 50 g Zucker
- 50 g Öl
- 1 TL Backpulver
- etwas (Raps)Öl oder Butter zum Braten

Zubereitung

- Mehl, Backpulver, Öl, Milch, Eier und Zucker in einer Schüssel mit einem Schneebesen zu einem glatten Teig verrühren.
- Butter in einer Pfanne schmelzen lassen und in den Teig einrühren.
- Einen TL Öl in einer Pfanne warm werden lassen (nicht heiß!), dann mit einem kleinen Schöpflöffel den Teig in die Pfanne geben.
- Pfannkuchen 2 Minuten braten, umdrehen und nochmal 1 Minute anbraten.
- Vor dem nächsten Pfannkuchen wieder etwas Öl nachgeben.
- Fertige Pfannkuchen nach Belieben bestreichen.

Kartoffelbrei

Zutaten

- 700 g mehlig kochende Kartoffeln
- 150 ml Milch
- 40 g Butter
- 2 Prisen Muskatnuss
- ½ TL Salz
- Petersilie zum Bestreuen

Zubereitung

- Kartoffeln schälen, waschen und 25 Minuten in einem Topf mit Wasser und Salz garkochen.
- Kartoffeln mit Butter und Muskatnuss vermischen und zusammen mit Kartoffelstampfer zerdrücken.
- Milch mit dem Kartoffelbrei vermischen
- Kartoffelbrei mit Petersilie bestreuen.

Waffeln

Zutaten (8 Stück)

- 250 g Mehl
- 200 ml Milch
- 120 g Butter
- 70 g Rohrzucker
- 3 Eier
- 2 TL Backpulver
- 1 Päckchen Vanillezucker
- Öl zum Einfetten des Waffeleisens
- 1 Prise Salz

Zubereitung

- Butter und Zucker cremig rühren.
- Eier nacheinander unterrühren.
- Mehl mit Vanillezucker, Salz und Backpulver mischen und abwechseln mit der Milch unterrühren.
- Waffeleisen mit Öl einfetten.
- Für eine Waffel 2-3 EL Waffelteig in die Mitte des Waffeleisens geben.
- Den Teig im Waffeleisen backen, bis sie goldbraun sind.
- Fertige Waffeln auf einem Kuchengitter abkühlen lassen.
- Waffeln belegen/ bestreuen nach Belieben.

Brötchen (Semmeln)

Zutaten

- 550 g Weizenmehl
- 80 g Butter (alternativ Margarine)
- 250 ml lauwarmes Wasser
- 1 Würfel Hefe
- 1 Prise Zucker
- 2 TL Salz

Zubereitung

- In einer Schüssel, Hefe im Wasser auflösen lassen.
- Mehl und Zucker in Schüssel geben, in der Mittel eine Grube drücken und das Hefewasser langsam zuschütten.
- Mit einer Küchenmaschine zu einem Teig kneten.
- An einem warmen Ort, zugedeckt für 30 Minuten gehen lassen.
- Butter und Salz zum Teig zugeben und mit einer Küchenmaschine nochmals durchkneten.
- Zugedeckt für 30 Minuten gehen lassen.
- Teig nochmal durchkneten und 10 Brötchen formen.
- Brötchen auf ein mit Backpapier ausgelegtes Backblech geben und zugedeckt nochmals 1 Stunde gehen lassen.

- Backofen auf 200° C Ober-/ Unterhitze vorheizen.
- Brötchen mit Wasser bepinseln mit einem Messer kreuzweise anritzen.
- Im Ofen für 40 Minuten backen.
- Brötchen auf einem Kuchengitter abkühlen lassen.

Milchbrötchen

Zutaten

- 350 g Weizenmehl
- 80 g kalte Butter (alternativ Margarine)
- 200 ml Milch
- ½ Päckchen Backpulver
- 3 TL Zucker
- Mehl zum Bestäuben

Zubereitung

- Mehl, Backpulver und Zucker in einer Schüssel vermischen.
- Butter in kleinen Stücken zugeben und mit einer Küchenmaschine zu einem Teig kneten, dabei die Milch langsam zugeben.
- Zugedeckt für 30 Minuten in kalter Umgebung stehen lassen.
- Butter und Salz zum Teig zugeben und mit einer Küchenmaschine nochmals durchkneten.
- Zugedeckt für 30 Minuten gehen lassen.
- Backofen auf 200° C Ober-/ Unterhitze vorheizen.
- Teig auf einer bemehlten Arbeitsfläche 3 cm dick

ausrollen.

- Mit einer runden Form, Größe nach Belieben, Brötchen ausstechen.
- Brötchen auf ein mit Backpapier ausgelegtes Backblech geben und mit Milch bepinseln.
- Im Ofen für 15 Minuten backen.
- Brötchen auf einem Kuchengitter etwas abkühlen lassen.
- Die Milchbrötchen schmecken auch lauwarm sehr lecker.

Brezeln

Zutaten

- 500 g Weizenmehl
- 350 ml ungekühlte Milch
- Lauge (500 ml Wasser und 3 EL Natron)
- 1 Päckchen Trockenhefe
- 1 Prise Zucker
- 1 TL Salz

  Belag: Nach Belieben (Salz, Sesam, Kerne usw.)

Zubereitung

- Mehl, Hefe, Zucker und Salz miteinander vermischen.
- Milch zugeben und mit einer Küchenmaschine zu einem Teig kneten.
- An einem warmen Ort, zugedeckt für eine Stunde gehen lassen.
- Teig nochmals kräftig durchgeknetet und wiegen.
- Den Teig in 10 gleich schwere Stücke schneiden. (etwa 80 bis 90 g)
- Brezeln formen: Teigstück zu einer circa 40 cm langen „Wurst" rollen.
- In der Mitte sollte die „Teigwurst" etwas dicker als an den beiden Enden sein.

- Zu einer Brezel formen. (Übung macht den Meister!)
- Wasser mit Natron in einem Topf zum Kochen bringen.
- Die Lauge 10 Minuten kochen lassen und jede Brezel für 30 Sekunden in der Lauge kochen.
- Brezeln auf ein mit Backpapier ausgelegtes Backblech geben und nach Belieben bestreuen.
- Backofen auf 200° C Ober-/ Unterhitze vorheizen.
- Wenn sie 2 Backbleche auf einmal verwenden wollen dann den Backofen auf 180° C Umluft vorheizen.
- Im Ofen für 15 - 18 Minuten backen.

Brot (Grundrezept)

Zutaten

- 1 Würfel Hefe
- 1 kg Weizenmehl
- 500 ml lauwarmes Wasser
- 1 EL Salz
- 1 EL Zucker
- Mehl zum Bestäuben

Zubereitung

- In einer Schüssel, Hefe im Wasser auflösen lassen.
- Restliche Zutaten zugeben und in einer Küchenmaschine zu einem Teig kneten.
- An einem warmen Ort, zugedeckt für eine Stunde gehen lassen.
- Arbeitsfläche mit Mehl bestreuen und den Teig nochmals durchkneten.
- Backofen auf 200° C Ober-/ Unterhitze vorheizen.
- Teig zu einem Laib formen, Mehl darüber streuen und 15 Minuten, zugedeckt gehen lassen.
- Brotteig auf ein mit Backpapier ausgelegtes Backblech legen.
- Im Ofen für 60 Minuten backen.
- Brot auf einem Kuchengitter abkühlen lassen.

Frühstück

Milchreis

Zutaten (4 Portionen)

- 1000 ml Milch
- 250 g Milchreis
- 30 g Zucker
- 1 Päckchen Vanillezucker

Zum Bestreuen: Zimt

Zubereitung

- Milch in einem Topf zum Kochen bringen.
- Reis, Zucker und Vanillezucker zugeben und bei offenem Deckel auf niedriger Stufe 30 Minuten quellen lassen.
- Dabei öfter Umrühren damit nichts anbrennt.
- Wenn der Reis die gewünschte Sämigkeit erreicht hat, vom Herd nehmen.
- Auf Teller verteilen und mit Zimt bestreuen.

Käse Omelette

Zutaten (4 Portionen)

- 12 Eier
- 100 g Bergkäse
- 2 EL (Raps)Öl
- 2 EL Butter
- Salz und Pfeffer

Zubereitung

- Käse raspeln.
- In einer Schüssel Eier mit Salz und Pfeffer würzen und mit einer Gabel verquirlen.
- Butter und Öl in einer Pfanne erhitzen und die Eier zugeben.
- Bei mittlerer Hitze 3 Minuten anbraten.
- Käse über die Eimasse streuen und schmelzen lassen.
- Das Omelette zur Hälfte einklappen und 2 Minuten fertig braten.

Eiersalat

Zutaten (4 Portionen)

- 9 Eier
- 200 g Mayonnaise
- 2 EL Petersilie
- Salz und Pfeffer

Zubereitung

- Die Eier im kochenden Wasser, 10 Minuten hart kochen.
- Eier danach im kalten Wasser abschrecken, schälen und pellen.
- Mayonnaise, Zitronensaft mit den Eiern vermischen.
- Mit Salz und Pfeffer abschmecken.
- Mit Petersilie garniert servieren.

Bircher Müsli

Zutaten (2 Portionen)

- 50 g Haferflocken
- 60 g Wasser (oder Saft nach Belieben)
- 60 g Pflanzendrink oder Milch
- 3 Äpfel
- Saft aus einer Zitrone
- 20 g Nüsse

Zubereitung

- Haferflocken mit Wasser vermischen und über Nacht quellen lassen.
- Pflanzendrink bzw. Milch und Zitronensaft zugeben.
- Äpfel und Nüsse fein reiben oder mixen und unterrühren.

Goldene Milch

Zutaten (2 Gläser)

- 250 ml Pflanzendrink nach Belieben
- 1 EL Kurkuma
- 1 TL Kokosöl
- 2 Prisen Ingwer
- ½ TL Zimt
- 1 Prise Muskat
- 1 Prise Pfeffer
- evtl. Honig (Süßen nach eigenen Geschmack)

Zubereitung

- Alle Zutaten miteinander mixen.
- Zusammen in einem Topf erwärmen, aber nicht kochen.

Rührei mit Tomaten

Zutaten (2 Gläser)

- 4 Eier
- 3-4 Tomaten
- 2 Zwiebeln
- 1 TL Gemüsebrühpulver
- 1 EL Paprikapulver, Chili
- 1 Knoblauchzehe
- 2 EL (Raps)Öl

Zubereitung

- Zwiebeln in dünne Ringe schneiden, Knoblauchzehe pressen.
- Öl in einer Pfanne erhitzen und Zwiebel darin anbräunen.
- In einer Schüssel Eier, Gemüsebrühpulver, Knoblauch und Paprikapulver miteinander verrühren.
- Schüsselinhalt zu den Zwiebeln in die Pfanne geben.
- Unter gelegentlichem Rühren braten bis die Eier zu stocken beginnen und eine Rührei-Konsistenz annimmt.
- Tomaten kleinschneiden und zusammen mit dem Rührei servieren.

Overnight Haferflocken

Zutaten (2 Portionen)

- 80 g Haferflocken
- 1 Banane
- 400 ml Pflanzendrink oder Milch
- 6 EL Naturjoghurt
- einige Himbeeren

Zubereitung

- Haferflocken mit Milch und Joghurt vermischen.
- Banane klein schneiden und zugeben.
- Mit Himbeeren verzieren.
- Im Kühlschrank über Nacht quellen lassen.
- Am nächsten Morgen verzehren.

Armer Ritter

Zutaten (4 Portionen)

- 12 Scheiben Toast
- 4 Eier (Größe M)
- 200 ml Milch
- 3 EL Zucker
- 3 EL Öl

Zubereitung

- Eier mit Milch verrühren.
- Toastscheiben halbieren und in die Eier-Milch einweichen, bis sie vollgesogen sind.
- Öl in einer Pfanne erhitzen und die Toastscheiben bei mittlerer Hitze, von beiden Seiten anbraten.
- Mit Zucker bestreut servieren.

Grüner Smoothie

Zutaten

- 1 reife Banane
- 1 Apfel
- 200 g Spinat oder Grünkohl (am besten TK)
- 200 ml Wasser
- bei frischen Spinat (Grünkohl) empfehle ich 3-4 Eiswürfel zuzugeben.

Zubereitung

- Nur die Apfelansätze wegschneiden. Die Apfelkerne mitverwenden.
- Alle Zutaten in den Mixer und zusammen etwa eine Minute mixen.

Porridge

Zutaten (2 Portionen)

- 100 g kernige Haferflocken
- 400 g Wasser
- etwa 100 ml Milch (nach Belieben)
- 1 Banane
- 2 EL Mandelblättchen
- 1 EL Rosinen (Optional)
- 2 EL Zucker
- 1 Prise Salz

Zubereitung

- Banane in kleine Stücke schneiden.
- Wasser mit Salz und Rosinen im Topf aufkochen.
- Haferflocken einrühren und bei niedriger Stufe, unter ständigem Rühren, 5 Minuten leicht köcheln lassen.
- Wenn die Masse leicht eindickt, die Bananenstücke gut untermischen.
- In einem tiefen Teller servieren und mit Zucker bestreuen.
- Mandelblättchen darüber verteilen und die gewünschte Menge Milch zugeben.

Apfel-Mandel-Brei

Zutaten (4 Personen)

- 2 Äpfel
- 150 g Haferflocken
- 100 g gemahlene Mandeln
- 600 ml Mandelmilch
- 1 Prise Zimt
- Agavendicksaft

Zubereitung

- Die Mandelmilch auf dem Herd kurz aufkochen
- Bei mittlerer Hitze die Haferflocken, den Zimt und die gemahlenen Mandeln hinzufügen.
- Einem cremigen Brei anrühren.
- Äpfel schälen, das Kerngehäuse entfernen und in dünne Spalten schneiden.
- Brei in vier Müslischüsseln einfüllen und Apfelspalten darauf verteilen.

Schnelles Bruschetta

Zutaten

- 4 Scheiben Weißbrot oder Toastbrot
- 2 gewürfelte Tomaten
- 1 EL Öl

Zubereitung

- Brotscheiben mit 1 EL Olivenöl in der Pfanne knusprig anrösten.
- Mit den gewürfelten Tomaten großzügig belegen.
- Mit Olivenöl beträufeln und auf einem Teller servieren.

French Toast

Zutaten

- 1 halbe Banane
- 200 ml Milch
- 40 g Mehl nach Belieben
- 1 Prise Zimt
- 1 TL Hefeflocken
- ½ TL Backpulver
- 4 Scheiben Toast
- 1 EL Johannisbeermarmelade
- 200 ml (Raps)Öl
- ½ EL Puderzucker (zum Bestreuen)

Zubereitung

- Milch, Hefeflocken, Mehl, Zimt und Backpulver in einen tiefen Teller geben.
- Eine halbe geschälte Banane pürieren und mit der Paniermasse für 5 Minuten ziehen lassen.
- Zwei Toastbrotscheiben mit Marmelade bestreichen und mit den anderen zwei Scheiben belegen.
- Eine Pfanne mit ca. einem Zentimeter hoch Öl darin erhitzen.
- Die Toasts beidseitig durch die Paniermasse ziehen und

für 5 Minuten von beiden Seiten, bei mittlerer Hitze goldbraun ausbacken.

- Die Toastscheiben auf Küchenpapier abtropfen lassen und mit Puderzucker bestreuen.

Aufstriche

Paprika Aufstrich

Zutaten (4 Portionen)

- 80 g geröstete Paprika in Öl
- 1 Knoblauchzehe
- 200 g Feta
- 100 g Schmand
- 1 TL Thymian
- ½ TL Pfeffer

Zubereitung

- Knoblauchzehe pressen. Paprika abtropfen lassen und in kleine Würfel schneiden.
- Feta mit einer Gabel zerdrücken und Schmand, 1 EL Paprikaöl aus dem Glas, Paprika, Knoblauch, Thymian und Pfeffer verrühren.

Hummus

Zutaten

- 300 g trockene Kichererbsen
- 300 g Sesampaste (Tahini)
- 100 ml (Raps)Öl
- Saft von 4 Zitronen
- 4 Knoblauchzehen , gepresst
- 1 TL Pfeffer
- 1 TL Paprikapulver
- 1 TL Kreuzkümmel
- 2 Prisen Salz

Zubereitung

- Kichererbsen über Nacht einweichen
- Am nächsten Tag abtropfen lassen und weichkochen.
- Das Wasser nicht abgießen.
- Kichererbsen mit einem Stabmixer pürieren
- Sesampaste hinzufügen und nochmals miteinander pürieren.
- Knoblauch sowie die Gewürze und den Zitronensaft noch hinzugeben.
- Hummus auf einen tieferen Teller geben.
- Das Öl erhitzen und über den Humus verteilen.

Vegetarische Leberwurst

Zutaten

- 1 Dose Kidneybohnen, abgetropft
- 200 g Räuchertofu, in Stücken
- 1 Zwiebel
- 1 EL Majoran
- 2 EL Petersilie
- 1 TL Paprikapulver, am besten geräuchertes
- ½ TL Zitronensaft
- ½ TL Pfeffer
- 1 TL Salz
- 15 g (Oliven)Öl

Zubereitung

- Zwiebel klein hacken.
- Öl in einer Pfanne erwärmen und Zwiebel darin glasig anbraten.
- Die restlichen Zutaten zugeben und kurz mit braten.
- Mit einem Pürierstab pürieren und abkühlen lassen.

Zwiebelschmalz

Zutaten

- 200g Kokosöl
- 1 Zwiebel
- 1 Apfel
- 3 EL gehackte Haselnüsse
- 1 TL Paprika
- 1 Prise Kreuzkümmel
- Salz und Pfeffer nach Belieben

Zubereitung

- Zwiebel klein hacken, Apfel klein würfeln.
- Kokosöl in einem Topf erwärmen und Zwiebel darin glasig anbraten.
- Restliche Zutaten zugeben und kurz mitdünsten.
- Abschmecken und nach Belieben nachwürzen.
- Schmalz in eine Schüssel geben und abkühlen lassen.
- Wenn die Masse beginnt fest zu werden, mit einem Schneebesen gut durchrühren.
- Zwiebelschmalz in ein Glas füllen.

Guacamole

Zutaten

- 2 Avocado
- Saft von einer Limette
- 2 Knoblauchzehen
- 3 Prisen Chilipulver
- 2 Prisen Salz
- 1 TL Pfeffer

Zubereitung

- Die Avocados halbieren, entkernen und schälen.
- Alle Zutaten mixen und fein pürieren.

Erdnussbutter

Zutaten

- 400 g geröstete Erdnüsse (ungesalzen)
- 30 ml Pflanzendrink (Empfehlung: Mandeldrink)
- ½ TL Salz

Zubereitung

- Alle Zutaten im Mixer zu einer cremigen Masse pürieren.
- Die Erdnussbutter hält im Kühlschrank bis zu 14 Tage

Tzatziki

Zutaten

- 1 Gurke, entkernt und in Stücken
- 500 g Joghurt Natur
- 3 - 4 Knoblauchzehen
- 2 EL Dill
- 1 TL Zitronensaft
- 1 TL Salz
- 1 TL Pfeffer

Zubereitung

- Knoblauchzehen fein hacken, oder pressen.
- Mit dem Spatel nach unten schieben.
- Alle Zutaten in einer Schüssel gut verrühren.
- Bis zum Verzehr im Kühlschrank kaltstellen.

Die Gurke kann man auch mit 4 Gewürzgurken ersetzen.

Obatzter

Zutaten

- 250 g Camembert
- 1 Zwiebel
- 150 g Sahnequark
- 2 EL Schnittlauchröllchen
- ½ TL Paprikapulver
- ½ TL Pfeffer
- 1 Prise Kümmel
- 1 TL Salz

Zubereitung

- Zwiebel klein hacken.
- Restliche Zutaten zugeben und mit einem Pürierstab pürieren.
- Bis zum Verzehr, innerhalb eines Tages, im Kühlschrank aufbewahren.

Champignonaufstrich

Zutaten

- 300 g Champignons
- 3 EL Walnusskerne
- 1 Zwiebel
- 2 EL Petersilie
- 2 EL Thymian
- 5 EL Olivenöl
- ½ TL Pfeffer
- ½ TL Salz

Zubereitung

- Zwiebel fein hacken, Champignons in kleine Stücke schneiden.
- 1 EL vom Öl in einer Pfanne erhitzen und die Zwiebel glasig anbraten.
- Champignons und Thymian zugeben und solange anbraten, bis das Wasser der Champignons verdampft ist.
- In eine Schüssel geben und mit den anderen Zutaten vermengen.
- Mit einem Pürierstab pürieren, bis ein streichfähiger Aufstrich entsteht.
- Im Kühlschrank für 2 Stunden abkühlen lassen und dann in ein steriles Schraubglas geben.
- Im Kühlschrank mindestens 5 Tage haltbar.

Linsenaufstrich

Zutaten

- 500 g rote Linsen
- 1000 ml Wasser
- 100 ml (Raps)Öl
- 1 Zwiebel
- 3 Knoblauchzehen
- 2 TL Kurkuma
- 1 TL Zitronengras
- 1 TL Koriander
- 1 TL Pfeffer
- 1 TL Kreuzkümmel
- 1 TL Chilipulver
- 1 TL Currypulver
- ½ Ingwer
- ½ TL Salz

Zubereitung

- Zwiebel klein hacken und Knoblauchzehen pressen.
- In einer Pfanne Öl erhitzen und Zwiebel mit Knoblauch darin glasig anbraten.
- Gewürze und Linsen zugeben und bei mittlerer Hitze solange mit rösten bis die Linsen gut mit Öl überzogen sind.

- Wasser zugeben, aufkochen und bei niedriger Hitze köcheln bis die Linsen beginnen zu zerfallen.
- Mit einem Pürierstab aufmixen und abkühlen lassen.
- Der Aufstrich hält 4 Tage im Kühlschrank und kann auch eingefroren werden.

Kokosaufstrich

Zutaten

- 250 ml Sojadrink
- 100 g Kokosraspeln
- 50 ml Sojasahne
- 100 g (Kokosblüten)Zucker
- 2 Päckchen Vanillezucker

Zubereitung

- Alles, außer Kokosraspeln, miteinander verrühren.
- Die Masse in einen Topf erwärmen und für eine Stunde, bei niedriger Hitze eindicken lassen.
- Die Kokosraspeln unterheben und abkühlen lassen.
- Im Kühlschrank hält sich der Aufstrich bis zu einer Woche.

Suppen

Kokos - Süßkartoffelsuppe

Zutaten (4 Portionen)

- 1 Süßkartoffel
- 2 Frühlingszwiebeln
- 10 Champignons
- 8 Kirschtomaten
- 300 ml Gemüsebrühe
- 200 ml Kokosmilch
- ½ TL Zitronengras
- ½ TL Ingwer
- 1 EL Zitronensaft
- ½ TL Salz

Zubereitung

- Die Süßkartoffel schälen und klein schneiden.
- Die Frühlingszwiebeln in Ringe schneiden, Champignons und Tomaten halbieren.
- Gemüsebrühe in einem Topf aufkochen und die Süßkartoffel darin 5 Minuten kochen.
- Kokosmilch, Zitronengras, Salz, Ingwer, 1 EL Zitronensaft, die Tomaten und die Champignons dazugeben und weitere 5 Minuten köcheln.
- Die Frühlingszwiebeln hinzugeben und noch kurz ziehen lassen.

Blumenkohlsuppe

Zutaten

- 1 Blumenkohl
- 1 Kartoffel
- 3 Karotten
- 2 Zwiebel
- 1 Knoblauchzehe
- 700 ml Gemüsebrühe
- 1 TL Currypulver
- ½ TL Ingwerpulver
- 2 Prisen Pfeffer
- 1 Prise Salz
- 3 EL (Raps)Öl
- 1 EL Petersilie zum Garnieren

Zubereitung

- Blumenkohl, Kartoffel und Karotten in kleine Würfel schneiden.
- Knoblauchzehe pressen und Zwiebel klein würfeln.
- Öl einem Topf erhitzten und Zwiebel mit Knoblauch glasig andünsten.
- Blumenkohl mit Karotten zugeben und kurz mit anbraten.
- Mit der Gemüsebrühe aufgießen.

- Gewürze zugeben und 20 Minuten köcheln lassen.
- Mit einem Pürierstab die Suppe pürieren.
- Sollte die Suppe zu dickflüssig sein mit etwas Wasser verflüssigen und kurz aufkochen.
- Suppe im Teller servieren und mit Petersilie garnieren.

Zwiebelsuppe

Zutaten (4 Portionen)

- 6 Zwiebeln
- 1 EL Mehl
- 1000 ml warme Gemüsebrühe
- 250 ml Weißwein
- 80 g Butter
- 4 (etwa 2 cm dicke) Scheiben Baguette
- 100 g geriebener Käse
- 1 TL Zucker
- 1 TL Paprikapulver
- ½ TLSalz
- ¼ TL Pfeffer

Zubereitung

- Zwiebel in feine Ringe schneiden.
- 50 g Butter in einem Topf erhitzen und Zwiebeln glasig andünsten.
- Mit Mehl bestreuen und mit Salz, Pfeffer und Zucker würzen.
- Unter ständigem Rühren kurz anbraten lassen.
- Gemüsebrühe und Weißwein zugeben, aufkochen und 20 Minuten leicht köcheln lassen.
- Restliche Butter in einer Pfanne erhitzen und Baguette

knusprig braun braten.

- Backofen auf 200 Grad Umluft vorheizen.
- Zwiebelsuppe in 4 feuerfeste Schälchen füllen, Baguette auf die Suppe legen, mit geriebenen Käse und Paprikapulver bestreuen.
- Zwiebelsuppe im Backofen goldbraun überbacken und gleich servieren.

Knoblauchcremesuppe

Zutaten

- 6 Knoblauchzehen
- 1000 ml warme Gemüsebrühe
- 4 Toastbrotscheiben
- 250 ml Sahne
- 2 EL Petersilie
- 1 TL Salz

Zubereitung

- Knoblauchzehen klein hacken.
- Toast würfeln.
- Gemüsebrühe im Topf aufkochen, Knoblauch und Salz zugeben.
- Für 5 Minuten köcheln lassen.
- Toast zugeben und für weitere 10 Minuten köcheln lassen.
- Sahne zugeben und mit einem Pürierstab die Suppe pürieren.
- 5 Minuten ziehen lassen.
- Mit Petersilie bestreut, in tiefen Tellern servieren.

Kokossuppe

Zutaten

- 1 Dose Kokosmilch
- 300 g Kartoffeln
- 100 g rote Linsen
- 2 Karotten
- 1 Zwiebel
- 2 Knoblauchzehen
- 600 ml warme Gemüsebrühe
- 2 EL Currypulver
- 2 EL Kokosöl
- 1 TL Pfeffer
- 1 TL Salz

Zubereitung

- Linsen waschen und abtropfen lassen.
- Zwiebel und Knoblauchzehen klein hacken.
- Kartoffeln und Karotten würfeln.
- Kokosöl in einem Topf erhitzen und Zwiebel mit Knoblauch glasig andünsten.
- Gemüsebrühe, Kartoffeln, Karotten und Linsen zugeben, aufkochen und 20 Minuten köcheln lassen.
- Mit einem Pürierstab die Suppe pürieren.

- Kokosmilch und Currypulver zugeben und nochmals aufkochen.
- 5 Minuten ziehen lassen.
- Abschmecken und in tiefen Tellern servieren.

Kürbissuppe

Zutaten (4 Portionen)

- 500 g Hokkaido Kürbis
- 600 ml Gemüsesuppe
- 1 Zwiebel
- 1 Knoblauchzehe
- ½ TL Ingwerpulver
- 1 Prise Muskatnuss
- 2 Prisen Pfeffer
- 1 Prise Salz
- 3 EL (Raps)Öl zum Anbraten
- Kürbiskernöl zum Beträufeln

Zubereitung

- Kürbis entkernen und in kleine Würfel schneiden.
- Knoblauchzehe pressen und Zwiebel klein würfeln.
- In einem erhitzten Topf mit Öl glasig andünsten.
- Kürbis zugeben und kurz mit anbraten.
- Mit der Gemüsesuppe aufgießen.
- Gewürze zugeben und 20 Minuten köcheln lassen.
- Wenn der Kürbis weichgekocht ist, die Suppe pürieren.
- Sollte die Suppe zu dickflüssig sein mit etwas Wasser verflüssigen und kurz aufkochen.
- Im Teller servieren und mit Kürbiskernöl beträufeln.

Kartoffelsuppe

Zutaten (4 Portionen)

- 500 g Kartoffeln
- 500 g Suppengemüse (Möhren, Wurzelpetersilie, Porree, Sellerie)
- 1 Zwiebel
- 1 L Gemüsebrühe
- 50 ml Sahne
- 2 EL Petersilie
- ½ TL Majoran
- ½ TL Thymian
- 1 TL Pfeffer
- 1 TL Salz
- 2 EL Öl

Zubereitung

- Kartoffeln und Suppengemüse waschen, schälen und klein schneiden. Zwiebel klein hacken.
- 1 EL Öl in einem großen Topf erhitzen und die Kartoffeln mit dem Suppengemüse kurz anbraten
- Gemüsebrühe hinzugeben und 30 Minuten köcheln lassen.
- Die Suppe pürieren.
- Restliches Öl in einer kleinen Pfanne erhitzten und die Zwiebel darin goldgelb dünsten.

- Die Suppe nach Belieben mit Salz, Pfeffer, Thymian, Majoran würzen.
- Die Zwiebel und die Sahne in die Suppe rühren und noch 5 Minuten ziehen lassen.
- In tiefen Tellern servieren und mit Petersilie bestreuen.

Käsesuppe

Zutaten (4 Portionen)

- 100 g geriebener Gouda
- 200 g Schmelzkäse
- 150 g Champignons
- 1 Zwiebel
- 500 ml Gemüsebrühe
- 500 ml Milch
- 1 EL Weißwein
- 2 EL Mehl
- 2 EL Öl
- 2 EL Schnittlauch
- 1 TL Pfeffer

Zubereitung

- Zwiebel klein hacken und Champignons in Scheiben schneiden.
- Öl in einem Topf erhitzten und die Zwiebel darin glasig anbraten.
- Mehl zufügen und eine klassische Mehlschwitze herstellen.
- Gemüsebrühe und Milch zugeben und unter ständigem Rühren aufkochen.
- Den Topf vom Herd nehmen und Schmelzkäse einrühren.

- Wenn der Schmelzkäse geschmolzen ist den Gouda unterrühren.
- Wenn der Gouda geschmolzen ist die Suppe wieder aufkochen.
- Herd abdrehen, Champignons, Weißwein und Pfeffer zugeben.
- 5 - 10 Minuten ziehen lassen.
- In tiefen Tellern servieren und mit Schnittlauch bestreuen.

Paprikasuppe

Zutaten (4 Portionen)

- 5 Paprika
- 1 Zwiebel
- 1 Knoblauchzehe
- 300 ml Gemüsebrühe
- 180 ml Kokosmilch
- 1 EL Speisestärke
- 2 EL (Raps)Öl
- Salz sowie Chiliflocken

Zubereitung

- Paprika putzen und grob würfeln, Zwiebel klein würfeln und Knoblauchzehe pressen.
- Einen Topf mit Öl erhitzen und die Zwiebel glasig anbraten.
- Paprikawürfel zufügen, anbraten und mit Brühe ablöschen.
- Knoblauch zugeben und 20 Minuten leicht köcheln lassen.
- Die Suppe pürieren.
- Die Kokosmilch mit der Speisestärke gut verrühren und zugeben.
- Mit Salz und Chili abschmecken.

Brokkolicremesuppe

Zutaten (4 Portionen)

- 1 Brokkoli
- 4 Kartoffeln
- 1 Zwiebel
- 1 Knoblauchzehe
- 800 ml Gemüsebrühe
- 200 ml Milch
- 2 EL Margarine
- Salz

Zubereitung

- Kartoffeln würfeln, Zwiebel kleine würfeln, Knoblauchzehe pressen.
- Einen Topf mit Öl erhitzen und die Zwiebel glasig anbraten.
- Gemüsebrühe, Knoblauch und Kartoffeln zugeben und im geschlossenen Topf 5 Minuten kochen.
- Währenddessen Brokkoliröschen abtrennen und die Stiele klein schneiden.
- Brokkoli zugeben und weitere 15 Minuten kochen.
- Milch und Margarine hinzugeben, pürieren.
- Mit Salz abschmecken und noch einmal kurzaufkochen lassen.

Champignonsuppe

Zutaten (2 Portionen)

- 150 g Champignons
- 1 Zwiebel
- 1 Knoblauchzehe
- 300 g Gemüsebrühe
- 75 g Sahne
- ½ TL Pfeffer
- 1 TL Salz
- 2 EL (Raps)Öl

Zubereitung

- Champignons in Scheiben schneiden, Zwiebel klein würfeln und Knoblauchzehe pressen.
- Einen Topf mit Öl erhitzen und die Zwiebel glasig anbraten.
- Gemüsebrühe und Champignons zugeben und 10 Minuten köcheln lassen.
- Sahne zugeben und nochmals aufkochen und 5 Minuten ziehen lassen.
- Suppe mit Salz und Pfeffer abschmecken.

Tomatensuppe mit Gemüse

Zutaten (4 Portionen)

- 1 Dose gehackte Tomaten
- 1 Dose passierte Tomaten
- 3 Karotten
- 1 Zwiebel
- 2 Knoblauchzehen
- 1 Lauch
- 1 Lauchzwiebel
- 1 Zucchini
- 2 EL (Kokos)Öl
- Salz zum Abschmecken

Zubereitung

- Das Gemüse klein schneiden, Knoblauchzehen pressen.
- Einen Topf mit Öl erhitzen und die Zwiebel glasig anbraten.
- Alle Zutaten außer Tomaten zugeben und 5 Minuten köcheln lassen.
- Tomaten in den Topf geben und bei kleiner Hitze 20 Minuten köcheln lassen.
- Suppe pürieren und mit Salz abschmecken.

Minestrone

Zutaten (4 Portionen)

- 1000 ml Gemüsebrühe
- 700 g Gemüse nach Wahl (z. B. Kartoffel, Karotte, Tomaten usw.)
- 1 Zwiebel
- 1 TL Salz
- 3 EL Olivenöl zum Anbraten
- 120 g kleine italienische Hartweizennudeln

Zum Servieren:

- 6 TL Olivenöl

Zubereitung

- Zwiebel und Gemüse klein hacken.
- Öl in einem Topf erhitzen und Zwiebel darin glasig anbraten.
- Gemüsebrühe und Gemüse zugeben.
- Aufkochen und die Suppe 20 Minuten bei niedriger Hitze köcheln lassen.
- Salz und Nudeln zugeben.
- Zeit gemäß Packungsangabe der Nudeln kochen lassen. Minestrone in tiefe Teller geben und mit Öl beträufeln.

Spargelcremesuppe

Zutaten

- 250 g weißer Spargel
- 900 ml Wasser (Spargelwasser und Brühe)
- 100 ml Sahne
- 40 g Mehl
- 1 Brühwürfel
- 1 TL Zitronensaft
- 1 TL Zucker
- 1 Prise Muskat
- 2 EL (Raps)Öl
- Salz zum Abschmecken
- Optional: 2 EL Weißwein

Zubereitung

- Spargel schälen und in 3- 4 cm langer Stücke schneiden.
- Wasser in einen Topf aufkochen, leicht salzen und den Spargel garkochen.
- Spargel abgießen und das Spargelwasser auffangen.
- Spargelwasser abmessen und bei Bedarf mit Wasser auffüllen, das es 900 ml ergibt.
- Öl in einem Topf erhitzen, Mehl zugeben und unter ständigem Rühren hellgelb anschwitzen.

- Flüssigkeit und Brühwürfel, (Optional Weißwein) zugeben, aufkochen und den Herd abschalten.
- Sojasahne zugeben und die Suppe 5 Minuten ziehen lassen.
- Spargel, Zucker, Muskat und Zitronensaft zugeben.
- Die Suppe kann jetzt nach Belieben püriert werden.
- Mit Salz und Pfeffer abschmecken und in tiefen Tellern servieren.

Lauchsuppe

Zutaten (2 Portionen)

- ½ Stange Lauch
- 2 EL Mehl
- 500 ml Gemüsebrühe
- 4 EL Pflanzendrink
- 1 EL Zitronensaft
- 2 EL Margarine

Zubereitung

- Wurzeln und äußere Blätter vom Lauch entfernen, grünes Ende längs einschneiden und gründlich waschen.
- Schneiden Sie den Lauch in Ringe
- Margarine in einem Topf erhitzen und Lauch darin anbraten.
- Mehl einrühren, bis sich mit der Margarine verbunden hat.
- Gemüsebrühe, Pflanzendrink und Zitronensaft zugeben, und nur kurz aufkochen.

Miso - Suppe

Zutaten

- 4 EL Miso
- 2 Zwiebel
- 2 Knoblauchzehe
- 1000 ml kochendes Wasser
- 2 EL (Sesam)Öl

Zubereitung

- Zwiebel und Knoblauch fein hacken.
- Öl in einem Topf erhitzen und Zwiebel mit Knoblauch andünsten.
- Miso in etwas Wasser auflösen und in den Topf zugeben.
- Das kochende Wasser zugeben und die Suppe etwa 5 Minuten ziehen lassen.

Spinatsuppe

Zutaten

- 500 g Spinat (frisch oder abgetropften TK Spinat)
- 3 Knoblauchzehen
- 1000 ml heiße Gemüsebrühe
- 100 ml Sahne
- 1 TL Paprikapulver
- 2 EL Mehl
- 3 EL (Raps)Öl
- Salz und Pfeffer zum Abschmecken

Zubereitung

- Spinat gründlich waschen, gut abtropfen lassen und im Mixer zerkleinern.
- Knoblauchzehen klein hacken.
- In einem Topf Öl erhitzen, Mehl einrühren und kurz anschwitzen.
- Spinat zugeben und weiterrühren.
- Gemüsebrühe und Knoblauch zugeben und 20 Minuten köcheln lassen.
- Sahne zugeben und kurz aufkochen.
- 5 Minuten ziehen lassen.
- Abschmecken und in tiefen Tellern servieren.

Linsensuppe

Zutaten (4 Portionen)

- 250 g rote Linsen (trocken)
- 1 Zwiebel
- 4 Kartoffeln
- 1 Bund Suppengemüse
- 3 Lorbeerblätter
- 1 L Gemüsebrühe
- 3 EL gehackte Petersilie
- Pfeffer und Salz zum Abschmecken
- 3 EL (Raps)Öl

Zubereitung

- Linsen in reichlich Wasser ohne Salz aufkochen und 15 Minuten, auf niedriger Stufe köcheln lassen.
- Zwiebel klein hacken, Kartoffeln schälen und in kleine Würfel schneiden, das Suppengemüse putzen und in sehr kleine Würfel schneiden.
- Linsen in ein Sieb abgießen und abtropfen lassen.
- Zwiebel und Suppengemüse in einem großen Topf mit Öl andünsten.
- Kartoffelwürfel hinzugeben und mit Gemüsebrühe ablöschen.
- Lorbeerblätter und die vorgekochten Linsen hinzufügen.

- Die Linsensuppe muss so lange gekocht werden, bis die Kartoffelwürfel weich sind.
- Zum Schluss kommt die gehackte Petersilie hinzu und die Suppe mit Pfeffer und Salz abschmecken.

Salate

Salatdressing Ölfrei

Zutaten

- 30 g Cashewkerne
- 150 g Wasser
- 1 EL Balsamico
- 1 TL Senf
- 1 TL Salz
- Optional: 1 Knoblauchzehe, Hefeflocken, Chilipulver

Zubereitung

- Cashewkerne mindestens 4 Stunden, am besten über Nacht im Wasser einweichen.
- Alle Zutaten in den Topf geben und in einer Küchenmaschine mixen.

Karottensalat

Zutaten (4 Portionen)

- 1 kg Karotten
- 1 Zwiebel
- 1 Knoblauchzehe
- 100 ml (Raps)Öl
- 1 EL Essig
- 1 TL Salz
- 1 TL Salz
- 1 TL Koriander
- 1 TL Zucker

Zubereitung

- Karotten raspeln und mit Essig vermengen.
- Knoblauchzehe und Zwiebel klein würfeln.
- Öl in einem Topf erhitzen.
- Zwiebel und Knoblauch zugeben und bei mittlerer Hitze Stufe 3 Minuten anbraten.
- Den Topfinhalt über die Karotten gießen und mit den restlichen Zutaten verrühren.
- Vor dem Servieren 15 Minuten ziehen lassen.

Schneller Rotkohlsalat

Zutaten

- ½ Kopf Rotkohl
- 300 g Karotten
- 1 Apfel
- 4 EL Limettensaft
- 6 EL Orangensaft
- 4 EL (Raps)Öl
- 1 TL Salz
- ½ Teelöffel Currypulver

Zubereitung

- Karotten und Äpfel putzen, die Äpfel entkernen.
- Den Rotkohl putzen und in grobe Stücke schneiden.
- Alle Zutaten in den Mixer geben.
- 4 Sekunden auf niedriger Stufe grob zerkleinern und mit einem Löffel nach unten schieben.
- Nochmals 4 Sekunden auf mittlerer Stufe zerkleinern.

Tomatensalat

Zutaten (4 Portionen)

- 500 g Tomaten
- 3 EL Balsamico - Essig
- 1 Bund Petersilie oder Schnittlauch
- Pfeffer und Salz

Zubereitung

- Tomaten vierteln. Petersilie fein hacken, bzw. Schnittlauch klein schneiden.
- Tomaten in eine Schüssel geben und mit Balsamico beträufeln.
- Mit Salz und Pfeffer abschmecken.
- Mit Petersilie bzw. Schnittlauch garnieren.

Schichtsalat

Zutaten (4 Portionen)

- 2 Salatherzen
- 2 Paprika
- 200 g aufgetaute TK-Erbsen
- 2 Zwiebeln
- 1 Glas Sellerieschnitzel
- 3 Eier
- 1 Glas Mayonnaise
- 2 EL Zucker
- 150 g geriebener Käse

Zubereitung

- Salatherzen in Streifen schneiden, Paprika in Stücke schneiden, Zwiebeln fein würfeln, Eier in Würfel schneiden.
- Alle Zutaten, so wie in der Zutatenliste angeben, der Reihe nach in einer Schüssel aufschichten.
- Mindestens 12 Stunden, am besten über Nacht im Kühlschrank durchziehen lassen.

Rote Bete Salat

Zutaten (4 Portionen)

- 1 Packung Rote Bete, gekocht und geschält
- 1 Handvoll Walnüsse
- 1 Handvoll getrocknete Pflaumen
- 1 Knoblauchzehe
- 1 TL Salz
- 1 TL Zucker

Zubereitung

- Knoblauchzehe pressen und Rote Bete reiben.
- Alle Zutaten miteinander vermengen.
- Mindestens 2 Stunden im Kühlschrank ziehen lassen.

Brokkoli Salat

Zutaten (4 Portionen)

- 500 g Brokkoli
- 2 hartgekochte Eier
- 1 Bund Sellerie
- 3 EL Mayonnaise
- 1 EL Apfelessig
- 1 TL Salz

Zubereitung

- Brokkoli und Eier klein hacken. Sellerie klein schneiden.
- Miteinander vermengen und Mayonnaise, Essig und Salz unterrühren.
- Bis zum Verzehr im Kühlschrank aufbewahren.

Löwenzahnsalat

Zutaten (4 Portionen)

- 150 g Löwenzahnblätter
- 50 g Sauerrahm
- 1 hartgekochtes Ei
- 2 EL fein gehackte Rosinen
- 2 EL Honig
- 1000 ml kochendes Wasser
- 2 TL Salz

Zubereitung

- Löwenzahnblätter in einem Sieb ausspülen.
- Löwenzahn in eine Schüssel geben.
- Mit kochendem Wasser übergießen, Salz zugeben und 30 Minuten einweichen lassen.
- Löwenzahnblätter abtrocknen und in mittelgroße Streifen hacken.
- Mit Honig, Rosinen und Sauerrahm verrühren.
- Bis zum Verzehr im Kühlschrank aufbewahren.
- Ei in Scheiben schneiden und den Salat damit dekorieren.

Bulgursalat

Zutaten (4 Portionen)

- 1 Bund Frühlingszwiebeln
- 300 g Bulgur
- 300 ml Tomatensaft
- 300 ml Wasser
- 3 EL Petersilie
- 4 EL Erdnüsse
- 1 Prise Zimt
- 1 Prise Pfeffer
- 1 Prise Salz
- 7 EL (Raps)Öl

Zubereitung

- Frühlingszwiebel in feine Ringe schneiden.
- Öl in einer Pfanne erhitzen und die Frühlingszwiebel darin andünsten.
- Bulgur hinzufügen und für 2 Minuten, bei mittlerer Hitze anbraten.
- Wasser, Tomatensaft, Salz und Pfeffer hinzufügen.
- Bulgur für 10 Minuten, zugedeckt bei kleiner Flamme köcheln lassen.
- In einer Pfanne die Erdnüsse anrösten.

- Zimt darüber streuen und mitrösten.
- Petersilie und Erdnüsse unter den Bulgur mischen und heiß servieren.

Hauptspeisen

Nudelpfanne mit Champignons

Zutaten (4 Portionen)

- 250 g Spaghetti
- 1 TL Kurkuma
- 1 Zwiebel
- 3 kleine Zucchini
- 250 g Champignons
- 1 TL Kreuzkümmel
- 1 EL Currypulver
- 4 EL Schnittlauch oder Petersilie (frisch oder TK)
- 2 EL Sojasoße
- (Sesam)Öl zum Anbraten
- Pfeffer und Salz

Zubereitung

- Spaghetti in vier Teile brechen (vierteln), kochen und dabei Kurkuma ins Kochwasser geben.
- Champignons und Zucchini in dünne Scheiben schneiden.
- Die Zwiebel in halbe Scheiben schneiden, mit 1 EL Öl 3 Minuten anbraten.
- Champignons dazugeben und 3 Minuten mit braten.

- Zucchini, Kreuzkümmel, Currypulver hinzugeben und 5 Minuten braten.
- Spaghetti, Sojasoße, Pfeffer, Schnittlauch/ Petersilie dazugeben und gut vermischen.

Gefüllte Champignons

Zutaten (4 Portionen)

- 250 g Champignons
- 80 g geriebener Käse
- 150 g Frischkäse
- 1 Zwiebel
- 1 Paprika
- 2 EL (Oliven)Öl
- Paprikapulver
- Prise Pfeffer
- ½ TL Salz 1 TL

Zubereitung

- Den Backofen auf 180° C Umluft vorheizen.
- Ein Backblech mit Backpapier auslegen.
- Zwiebel schälen in kleine Stücke schneiden. Paprika würfeln.
- Champignons putzen und das Innere herausschneiden.
- Öl in einer Pfanne bei erhitzen und das Innere der Champignons darin andünsten.
- Frischkäse, Paprika Zwiebel, Paprikapulver, Pfeffer und Salz zugeben.

- Diese Mischung in die Champignons füllen und mit dem geriebenen Käse bedecken.
- Champignons auf ein mit Backpapier ausgelegtes Backblech stellen.
- Im Ofen 15 - 20 Minuten backen.

Kichererbsencurry

Zutaten (4 Portionen)

- 1 Dose Kichererbsen (400 g)
- 1 Dose Kokosmilch (400 ml)
- 3 Zwiebeln
- 2 Knoblauchzehen
- 1 EL Zitronensaft
- 2 EL Curry
- 1 EL Sojasauce
- 1 TL Zucker
- 3 EL (Raps)Öl

  Beilage: Reis

Zubereitung

- Zwiebel klein hacken, Knoblauchzehen pressen.
- Öl in einem Topf erhitzen und Zwiebeln und Knoblauch darin glasig anbraten.
- Langsam die Kokosmilch einrühren.
- Curry, Zitronensaft, Sojasauce, Zucker und Kichererbsen dazugeben.
- 10 Minuten auf mittlerer Stufe köcheln lassen.
- Kichererbsencurry mit Reis anrichten.

Spinatknödel

Zutaten (6 Knödel)

- 250 g – 300 g Knödelbrot
- 300 g TK Spinat, abgetropft
- 2 Eier
- 250 ml Milch
- 1 Zwiebel
- 1 Knoblauchzehe
- 1 EL Mehl
- 1 TL Salz
- 2 Prisen Pfeffer
- 1 EL Rapsöl

Sauce:

- 200 g Butter
- 2 EL Parmesan

Zubereitung

- Knödelbrot in eine große Schüssel geben.
- Zwiebeln würfeln und Knoblauch fein pressen.

- In einer Pfanne mit Öl glasig braten.
- Spinat zugeben und aufkochen lassen.
- Milch zugeben und 2 Minuten bei mittlerer Hitze köcheln lassen.
- Eier, Mehl, Salz und Pfeffer unterheben und gut durchrühren.
- Alles in die Schüssel zu dem Knödelbrot geben und etwas abkühlen lassen.
- Durchmischen und Knödel formen.
- Die Knödel in einem Topf mit leicht köchelndem Salzwasser 20 Minuten ziehen lassen.
- Butter in einem Topf langsam erhitzen.
- Wenn die Butter flüssig ist Parmesan hinzugeben.
- Knödel auf einen Teller geben und mit der Sauce übergossen servieren.

Kartoffelgratin

Zutaten (2 Portionen)

- 500 g Kartoffeln
- 125 g Sahne
- 80 ml Milch
- 150 g geriebenen Käse
- Etwas Margarine zum Ausstreichen der Auflaufform
- Salz
- Pfeffer
- Muskatnuss

Zubereitung

- Backofen auf 180° C Umluft vorheizen.
- Auflaufform mit etwas Butter ausstreichen.
- Kartoffeln schälen, waschen und in dünne Scheiben schneiden.
- Kartoffelscheiben in die vorbereitete Form schichten, dabei jede Lage mit Salz, Pfeffer und Muskat würzen.
- Sahne mit Milch verrühren und zugeben.
- Geriebenen Käse auf dem Gratin verteilen.
- Im Ofen ca. 45 Minuten backen, bis die Kartoffeln weich sind und die Flüssigkeit ausgesogen ist.

Chili sin Carne

Zutaten (4 Portionen)

- 400 g Tofu Natur
- 2 Dosen Kidneybohnen
- 1 Zwiebel
- 1 Dose Mais
- 1 Paprika
- Salz, Pfeffer, Paprikapulver und Chilipulver
- 4 EL Tomatenmark
- 1 EL (Raps)Öl
- ein wenig Gemüsebrühe

Zubereitung

- Zwiebel und Paprika schälen und klein würfeln.
- Tofu mit Küchenpapier abtrocknen und klein würfeln.
- Öl in einem Topf erhitzen.
- Tofu und die Zwiebel 5 Minuten lang bei geschlossenem Deckel anbraten lassen.
- Paprikawürfel hinzugeben und kurz mitbraten.
- Abgetropfte Kidneybohnen und abgetropften Mais hinzugeben und das Tomatenmark einrühren.
- Nach und nach wird das Ganze mit etwas Gemüsebrühe so

aufgefüllt, dass es die typische Konsistenz von Chili erreicht.

- Nach dem Würzen wird das Chili erneut aufgekocht.

Falafel

Zutaten

- 120 g Kichererbsenmehl
- 1 Zwiebel
- 2 Knoblauchzehen
- 200 ml Wasser
- 1 EL Petersilie
- 1 TL Salz
- ½ TL Kreuzkümmel
- ½ TL Zitronensaft
- 1 TL (Oliven)Öl
- 1 Prise Backpulver
- (Oliven)Öl zum Braten

Zubereitung

- Zwiebel fein würfeln und die Knoblauchzehen pressen.
- Wasser in einem Topf zum Kochen bringen.
- Alle trockenen Zutaten miteinander verrühren und mit dem kochenden Wasser übergießen.
- Gut miteinander vermischen und 15 Min. quellen lassen.
- Teig mit Zitronensaft und Öl mischen.
- Öl in einer Pfanne erhitzen.
- Mit befeuchteten Händen Falafel formen und bei mittlerer Hitze ausbraten.
- Wenn möglich nur einmal wenden und zugedeckt braten.

Gefüllte Fleischtomaten

Zutaten (2 Portionen)

- 60 g Nudeln (Fussili)
- Paprikapulver
- 2 Fleischtomaten
- 1 Zwiebel
- 50 g Zucchini
- 1 TL (Raps)Öl
- 100 g Mais (Dose)
- 1 TL gehackte Petersilie
- 50 g Feta
- Salz
- Pfeffer
- Etwas Butter zum Ausstreichen der Auflaufform

Zubereitung

- Auflaufform mit etwas Butter ausstreichen.
- Nudeln nach Packungsangabe fertig garen, abgießen und abtropfen lassen.
- Von den Tomaten den Deckel abschneiden, mit einem Löffel aushöhlen und abtropfen lassen.
- Zwiebel und Zucchini würfeln.

- Öl in einer Pfanne erhitzen und die Zwiebel mit Zucchini 5 Minuten dünsten.
- Nudeln, Mais, Petersilie zugeben und mit Salz, Pfeffer, Paprika würzen.
- Backofen auf 180° C Umluft vorheizen.
- Tomaten mit der Masse füllen und in die Auflaufform geben.
- Feta würfeln und über die gefüllten Tomaten streuen.
- Im Ofen ca. 25 Minuten backen.

Thai Curry

Zutaten (4 Portionen)

- 250 g Tofu
- 1 Knoblauchzehe
- 30 g frischer Ingwer
- 1 grüne Chilischote
- 3 Frühlingszwiebeln
- 250 g grüner Spargel
- 200 ml Kokosmilch
- 200 ml Gemüsebrühe
- 100 g Sojasprossen
- 2 EL Curry
- 1 EL Zitronensaft
- 3 EL (Kokos)Öl
- 1 Prise Zucker
- Salz

Beilage: Reis

Zubereitung

- Tofu abtrocknen und in 2 cm große Würfel schneiden.
- 1 TL Currypulver mit 2 EL Öl verrühren, mit dem Tofu mischen und 15 Min. marinieren.
- Ingwer klein hacken, Knoblauch pressen und Chili fein würfeln.
- Frühlingszwiebeln putzen. Vom Spargel das untere Drittel schälen, die Enden abschneiden. Frühlingszwiebeln und Spargel schräg in 3 cm lange Stücke schneiden.
- Tofu in einem heißen Wok rundherum 5 Min. anbraten, salzen und herausnehmen.
- 1 El Öl im Wok erhitzen. Knoblauch, Ingwer, Chili, Frühlingszwiebeln und Spargel unter Rühren 5 Min. braten und salzen.
- Mit 1 TL Currypulver bestäuben und kurz mitbraten.
- Kokosmilch und Brühe zugießen, aufkochen und bei mittlerer Hitze 7 Min. köcheln lassen.
- Tofu und die Hälfte der Sojasprossen untermischen und 3 Min. mitkochen.
- Mit Salz, 1 Prise Zucker und Zitronensaft abschmecken.
- Mit den restlichen Sojasprossen bestreut servieren.

Nudelauflauf

Zutaten (4 Portionen)

- 500 g Nudeln (Penne)
- 250 g geriebenen Gouda
- 400 ml Sahne
- 4 Tomate
- 3 Knoblauchzehen
- 1 Tube Tomatenmark
- 100 ml (Raps)Öl
- 1 TL Oregano
- Salz und Pfeffer zum Abschmecken

Zubereitung

- Nudeln nach Packungsangabe kochen.
- Backofen auf 180° C Umluft vorheizen.
- Tomaten vierteln, Knoblauch pressen.
- Öl, Sahne, Tomatenmark, Kräuter und Oregano miteinander vermischen und mit Salz und Pfeffer abschmecken.
- Die Nudeln, Knoblauch und die Hälfte des geriebenen Käses mit der Soße gut vermischen und in eine hohe Auflaufform geben.

- Die Tomaten auf den Auflauf legen und mit dem restlichen Käse bestreuen.
- Über den Auflauf geben und im Backofen ca. 35 Minuten überbacken.
- Wenn der Käse schön zerlaufen ist, aus dem Ofen nehmen und servieren.

Soja Schnitzel „Wiener Art“

Zutaten

- Soja Big Steak(s)
- Mehl
- 1 Ei
- Paniermehl
- Salz und Pfeffer
- 1 Zitrone in Spalten geschnitten
- (Raps)Öl zum Anbraten

Zubereitung

- Soja Big Steaks für 30 Minuten in gekochtes Salzwasser einlegen.
- Das Wasser danach, so gut wie möglich, aus den Steaks ausdrücken!
- Drei Teller bereitstellen:
- In Teller 1 kommt etwas Mehl.
- In Teller 2 ein Ei, dieses wird dann mit Salz und Pfeffer gewürzt und einer Gabel verquirlt.
- In Teller 3 kommen das Paniermehl.
- Steaks als erstes im Mehl wenden, dann in den Teller mit dem Ei und zum Schluss im Paniermehl wenden.

- Die Steaks in einer mit ausreichend Öl erhitzen Pfanne von beiden Seiten goldbraun anbraten.
- Fertig gebratene Steaks können mit etwas Küchenrollpapier abgetupft werden.
- Mit Zitronenspalten und Beilage nach Wahl servieren.

Ofengemüse

Zutaten (4 Portionen)

- 4 Kartoffeln
- 1 Zucchini
- 2 Paprika
- 2 Zwiebeln
- 4 EL Olivenöl
- 1 - 2 EL Gewürze nach Belieben (Rosmarin, Thymian, Oregano...)
- Salz und Pfeffer nach Belieben

Zubereitung

- Backofen auf 180° C Umluft vorheizen.
- Kartoffeln in Spalten schneiden. Zucchini in Scheiben schneiden. Paprika in Streifen schneiden. Zwiebel in Ringe schneiden.
- Ein Backblech mit einem Backpapier auslegen und das Gemüse darauf gleichmäßig verteilen.
- Gewürze über dem Gemüse verteilen.
- Im Ofen für 30 – 35 Minuten garen.

Kartoffel - Karotten Rösti

Zutaten (8 Rösti)

- 200 g Kartoffeln
- 200 g Karotten
- 2 EL Milch
- 1 EL Speisestärke
- ½ TL Zitronensaft
- Prise Muskat
- 3 EL (Raps)Öl
- Salz

Zubereitung

- Die Kartoffeln und die Karotten schälen und grob mit einer Küchenreibe zerreiben.
- Mit Milch, Speisestärke, Zitronensaft, Salz und Muskat vermischen.
- Öl in einer Pfanne erhitzen.
- Mithilfe von runden Ausstechern in der Pfanne 8 gleich große Rösti formen.
- Die Ausstecher wegnehmen und die Rösti auf beiden Seiten schön goldbraun braten lassen.

Chop Suey

Zutaten (4 Portionen)

- 2 Paprika
- 150 g Blumenkohl
- 100 g Brokkoli
- 3 Karotten
- 1 Zwiebel
- 100 g Champignons
- ½ Glas Soja-Sprossen
- 6 Mini - Maiskolben
- 200 ml Wasser
- 100 ml Sojasauce
- 2 EL Zucker
- ½ TL Ingwer
- 1 TL Paprika
- 3 EL Öl zum Anbraten

Beilage: Reis

Zubereitung

- Paprika, Champignons, Zwiebel, Blumenkohl, Brokkoli und Karotten in mundgerechte Stücke schneiden.
- Sojasprossen in ein Sieb geben und gut abtropfen lassen.

- Mini-Maiskolben einmal längs und einmal quer halbieren.
- In einem Topf Wasser zum Kochen bringen, vom Herd nehmen, Blumenkohl und Brokkoli hineingeben und ziehen lassen, bis die Soße fertig ist.
- 150 ml Wasser, Sojasauce, Zucker, Ingwer- und Paprikapulver in einem Topf aufkochen lassen.
- Die Stärke in 50 ml Wasser auflösen, dann langsam unter die Sauce rühren.
- Kurz aufkochen, dann bei kleiner Hitze köcheln lassen, bis das Gemüse fertig ist.
- Öl in einer Pfanne erhitzen.
- Zunächst die Karotten hineingeben, nach 2 Minuten Paprika, Champignons, Blumenkohl und Brokkoli, nach nochmal 2 Minuten die Mini-Maiskolben und die Sojasprossen dazugeben und kurz anbraten.
- Die Soße hinzugeben und bei kleiner Hitze kurz köcheln lassen (Das Gemüse sollte noch bissfest bleiben).
- In vorgewärmten Tellern mit Reis servieren.

Spinat - Risotto

Zutaten (4 Portionen)

- 300 g Risotto Reis
- 400 g frischen Baby-Spinat (oder TK Spinat, abgetropft)
- 1 rote Chilischote
- 2 Stängel Zitronengras
- 1 Zwiebel
- 2 Knoblauchzehen
- 1200 ml Gemüsebrühe
- 300 m veganer Weißwein
- 1 EL Zitronensaft
- etwas Salz und Pfeffer
- 2 EL (Oliven)Öl

Zubereitung

- Babyspinat waschen und ihn in feine Streifen schneiden.
- Zwiebel und Knoblauch fein würfeln.
- Chilis entkernen und klein schneiden.
- Zitronengras waschen, putzen und aus jeder Stange einen Knoten bilden.
- Öl in einem Topf erhitzen und Zwiebel mit Knoblauch

andünsten.

- Reis hinzufügen und gut umrühren.
- Nach 1 Minute Weißwein hinzufügen und einköcheln lassen.
- Zitronengras-Knoten hinzugeben, dann schrittweise Gemüsebrühe hinzufügen und Risotto unter ständigem Umrühren für 15 Minuten garen.
- Zitronengras entfernen und Spinatblätter hinzugeben.
- Weitere 5 Minuten unter ständigem Rühren köcheln lassen. (Solange bis der Spinat zusammengefallen ist)
- Mit Zitronensaft, Salz und Pfeffer abschmecken.

Karotten – Risotto

Zutaten (4 Portionen)

- 500 g Risottoreis
- 5 Karotten
- 1 Zwiebel
- 1 Knoblauchzehe
- 1000 ml Gemüsebrühe
- 250 ml Weißwein
- 1 EL Petersilie
- 1 TL Zitronensaft
- 3 Prisen Pfeffer
- 3 Prise Salz
- 3 EL (Oliven)Öl zum Braten

Optional zum Servieren: geriebener Parmesan

Zubereitung

- Gemüsebrühe in einem Topf zubereiten und warmhalten.
- Zwiebel klein würfeln, Knoblauchzehe pressen und die Karotten zu feinen Stiften schneiden.
- 2 EL Öl in einem Topf erhitzen und Zwiebel und Knoblauch glasig anbraten.
- Den Reis zugeben und kurz andünsten.

- Mit Wein ablöschen.
- Die Karotten hinzufügen und 5 Minuten auf mittlerer Hitze köcheln lassen.
- Die Gemüsebrühe hinzufügen und solange köcheln lassen bis das Risotto weich ist, aber noch Biss hat.
- Restliches Öl mit Petersilie, Zitronensaft, Salz und Pfeffer unterrühren.
- In tiefen Tellern servieren und nach Belieben mit Parmesan bestreuen.

Paprika - Couscous

Zutaten (2 Portionen)

- 300 ml Gemüsebrühe
- 200g Couscous
- 2 Paprika
- 1 EL Tomatenmark
- 2 EL Sojasauce
- 2 EL Currypaste (rot oder gelb)
- 2 EL Weißweinessig
- 2 EL (Oliven)Öl
- Salz, Pfeffer, Chili

Zubereitung

- Currypaste mit Gemüsebrühe in einem Topf erhitzen und zum Kochen bringen.
- Couscous hinzugeben und den Topf wieder vom Herd nehmen.
- Couscous quellen lassen.
- Paprika waschen, entkernen und kleine würfeln und später zum Couscous geben.
- Tomatenmark, Sojasauce und Essig zusammenrühren und zur Couscous-Paprika-Mischung geben.
- Salz, Pfeffer und Chili zugeben und alles abschmecken.

Kürbisragout

Zutaten (4 Portionen)

- ½ Hokkaido-Kürbis
- 250 ml Milch
- 2 EL Mehl
- 1 EL Parmesan
- 1 Prise Muskat
- 2 EL (Raps)Öl
- Salz

Zubereitung

- Gewaschenen und Entkernten Kürbis in etwa 2x2 Zentimeter große Stücke schneiden.
- Öl in einem Topf erhitzen und Kürbis darin andünsten.
- Mehl einrühren, bis es sich mit dem Öl verbunden hat.
- Langsam Milch hinzugeben. Dabei fleißig rühren, damit sich keine Klümpchen bilden werden.
- Parmesan zugeben und mit Salz und Muskat abschmecken.
- 15 Minuten, unter gelegentlichem Umrühren, auf niedriger Stufe köcheln lassen, bis die Kürbiswürfel weich sind.

Baked Beans

Zutaten (4 Portionen)

- 2 Dosen weiße Bohnen
- 400 g passierte Tomaten
- 3 EL Tomatenmark
- 1 Zwiebel
- 1 Knoblauchzehe
- 3 EL Zucker
- 1 EL (Raps)Öl
- Salz , Pfeffer und Chilipulver zum Abschmecken

Zubereitung

- Backofen auf 180 C Umluft vorheizen.
- Knoblauchzehe pressen und Zwiebel klein hacken.
- Öl in einer Pfanne erhitzen und Zwiebel mit Knoblauch glasig anbraten.
- Bohnen mit passierten Tomaten in eine Auflaufform geben.
- Angebratene Zwiebel mit Knoblauch und den restlichen Zutaten in die Auflaufform geben und alles gut vermischen.
- Im Backofen für 30 Minuten backen.

Reis - Frikadellen

Zutaten (4 Portionen)

- 150 g Reis
- 2 Eier
- 150 g Emmentaler
- 2 Zwiebeln
- 2 Karotten
- 1000 ml Gemüsebrühe
- 3 EL Kräuter (nach Belieben)
- Semmelbrösel
- (Raps)Öl oder Butterschmalz zum Anbraten
- Salz und Pfeffer zum Abschmecken

Zubereitung

- Gemüsebrühe aufkochen, Reis zugeben und 15 Minuten köcheln lassen.
- Reis abgießen und abkühlen lassen.
- Käse raspeln, Zwiebeln klein hacken und Karotten raspeln.
- In einer Schüssel Reis, Käse, Karotten, Eier und Zwiebeln miteinander verrühren.
- Pfeffer, Salz und Kräuter einrühren.

- Semmelbrösel unterrühren, bis der Frikadellenteig eine gute Konsistenz hat.
- Den Teig 15 Minuten quellen lassen.
- Frikadellen formen und nochmals in Semmelbrösel wälzen.
- Öl in einer Pfanne erhitzen und Frikadellen, bei mittlerer Hitze, von beiden Seiten goldbraun anbraten.
- Mit der gewünschten Beilage servieren. Schmeckt auch als Burger in einem Brötchen lecker.

Kohlrabi-Kartoffelgemüse

Zutaten (4 Portionen)

- 1 kg Kohlrabi
- 2 Karotten
- 2 Kartoffeln
- 100 ml Sahne
- 1 TL Salz
- 3 Prisen Pfeffer
- 3 Prisen Muskat
- 1 TL Gemüsebrühe
- 3 EL Butter
- Wasser zum Kochen

Zubereitung

- Kohlrabi, Kartoffeln und Karotten in Würfel schneiden.
- Das Gemüse mit dem Salz in einem Topf mit Wasser weichkochen.
- Das Wasser abgießen.
- Mit restlichen Zutaten vermengen und pürieren.

Gebratener Tofu

Zutaten (4 Portionen)

- 400 g Tofu
- 400 ml Kokosmilch
- 60 g Ingwer
- 2 Knoblauch
- 1 Limette
- 2 TL Zucker
- 2 TL Paprika
- ½ TL Salz
- 3 EL (Raps)Öl

Zubereitung

- Tofu in etwa 1 cm breite und 4 cm lange Stücke schneiden.
- Ingwer und Knoblauchzehen hacken.
- Mit Kokosmilch, Saft von 1 Limette, Zucker, Paprika und Salz verrühren.
- Tofu in die Marinade legen und mind. 2 Std. marinieren.
- Tofu aus der Marinade nehmen, trockentupfen.
- Öl in einer Pfanne erhitzen und Tofu 5 Min. braten.

Kartoffel Gulasch

Zutaten (2 Portionen)

- 4 Kartoffeln
- 500 ml Gemüsebrühe
- 2 Zwiebeln
- 1 rote Paprikaschote
- 1 gelbe Paprikaschote
- 2 Knoblauchzehen
- 2 EL Tomatenmark
- 1 EL Essig
- 1 TL Paprika
- 1 EL Petersilie
- Salz, Pfeffer
- 3 EL (Raps)Öl

Zubereitung

- Kartoffeln und Zwiebeln schälen und in mundgerechte Stücke schneiden. Knoblauchzehe pressen.
- Paprika putzen und in mundgerechte Stücke schneiden.
- Öl in einer großen, tiefen Pfannen erhitzen und Zwiebel, Knoblauch, Paprika und Kartoffeln darin andünsten.
- Tomatenmark zugeben und anrösten.
- Mit Essig und Gemüsebrühe ablöschen.

- Bei mittlerer Hitze 20 Minuten kochen, bis die Kartoffeln gar sind.
- Mit den Gewürzen abschmecken und in tiefen Tellern servieren.

Kürbis - Lasagne

Zutaten (4 Personen)

- 750 g Hokkaido-Kürbis
- 500 g passierte Tomaten
- 450 ml Milch
- 300 ml Gemüsebrühe
- 2 Zwiebel
- 2 Knoblauchzehen
- 150 Sahne
- 2 EL Mehl
- 1 EL Senf
- 1 EL Thymian
- Pfeffer (nach Belieben)
- 2 Prisen Chili
- Salz (nach Belieben)
- 3 EL (Raps)Öl zum Anbraten
- 2 EL Butter und etwas zum Einfetten der Auflaufform
- 500 g Lasagneblätter
- 150 g geriebenen Käse

Zubereitung

- Backofen auf 180° C Umluft vorheizen.
- Kürbis, Karotte und Zwiebel in kleine Stücke schneiden. Knoblauchzehe pressen.

- Öl in einer großen Pfanne erhitzen.
- Bei mittlerer Hitze Kürbis und Zwiebel 5 Minuten anbraten.
- Knoblauch zugeben und 2 Minuten mitbraten.
- Mit 150 ml Gemüsebrühe ablöschen, Tomaten zugeben und unter Rühren aufkochen lassen.
- 10 Minuten bei mittlerer Hitze köcheln lassen.
- Salz, Pfeffer, Chili und Thymian zugeben und durchmischen.
- In der Zwischenzeit 2 EL Butter in einem Topf erhitzen und das Mehl darin kurz dünsten.
- Mit Salz, Pfeffer und Muskatnuss würzen.
- Milch und restliche Gemüsebrühe zugeben und aufkochen lassen.
- Bei mittlerer Hitze, unter Rühren 15 Minuten kochen lassen.
- Die Soße vom Herd nehmen und Sahne mit Senf vermischen und die Hälfte davon in die Soße rühren.
- Eine Auflaufform mit Butter einfetten.
- Den Boden der Auflaufform mit einer dünnen Schicht der Soße bedecken.
- Lasagne-Blätter, Kürbismischung und Soße abwechselnd darüber schlichten.
- Die letzte Lasagne-Blätterschicht mit Soße bedecken.
- Restlichen Milch-Senf Mix darüber verteilen.
- Mit geriebenen Käse bestreuen.
- Im Backofen für 35 Minuten backen.

Borschtsch

Zutaten

- 400 g Weißkohl
- 400 g Rote Bete
- 400 g vorwiegend festkochende Kartoffeln
- 200 g Räuchertofu
- 2 Zwiebeln
- 2 Knoblauchzehen
- 1 EL Butter
- 1 TL Tomatenmark
- 800 ml Gemüsebrühe
- 200 g Pizzatomaten
- 1 TL Paprikapulver
- 1 TL Kümmel
- 4 EL Sahne
- 2 EL Zitronensaft
- Salz, Pfeffer und Essig zum Abschmecken

Zubereitung

- Zwiebeln und Kohl in feine Streifen schneiden und Knoblauch pressen.
- Butter in einem großen Topf zerlassen.
- Zwiebeln, Kohl und Knoblauch bei mittlerer Hitze 4 Minuten darin dünsten.

- Tomatenmark zugeben und unter Rühren kurz dünsten.
- Mit Brühe und Tomaten aufgießen, mit Paprikapulver und Kümmel würzen und zugedeckt bei mittlerer Hitze 20 Minuten kochen.
- Rote Bete und Kartoffeln schälen und in 1 cm breite Streifen schneiden.
- Beides zum Kohl geben und weitere 25 Minuten garen.
- Tofu würfeln, zugeben und 5 Minuten köcheln lassen.
- Eintopf mit Salz, Pfeffer, Zitronensaft und Essig abschmecken.
- Mit Sahne servieren.

Champignon Gyros

Zutaten (4 Portionen)

- 400 g Champignons
- 5 Paprika
- 3 Zwiebeln
- 250 g Sahnejoghurt
- 1 EL Gyrosgewürz
- 2 EL Petersilie
- ½ TL Chiliflocken
- 1 TL Salz
- 1 TL Pfeffer
- 8 EL (Oliven)Öl

Beilage: Fladenbrot

Zubereitung

- Paprika in Streifen schneiden, Champignons in Ringe schneiden, Zwiebeln in dünne Ringe schneiden.
- 2 EL Öl in einer Pfanne erhitzen und Zwiebeln mit Champignons darin glasig anbraten.
- 2 EL Öl mit Paprika, Gyrosgewürz, Salz und Pfeffer zugeben und 5 Minuten, unter häufigem Rühren anbraten.
- Joghurt in einem Schälchen mit restlichem Öl beträufeln und mit Chiliflocken bestreuen.

- Petersilie in die Gemüsepfanne unterrühren.
- Das Champignon – Gyros mit Joghurt und Fladenbrot servieren.

Ratatouille

Zutaten (4 Personen)

- 5 Tomaten
- 2 Auberginen
- 1 Zucchini
- 3 Paprika
- 2 Zwiebeln
- 2 Knoblauchzehen
- 1 TL Thymian
- 1 TL Petersilie
- 1 TL Basilikum
- 2 Prisen Pfeffer
- 1 EL (Oliven)Öl

Beilage: Baguette oder Nudeln, Optional noch geriebener Parmesan

Zubereitung

- Knoblauchzehen pressen, Zwiebel klein würfeln und restliches Gemüse in 2 cm breite Stücke schneiden.
- In einem Topf Öl erhitzen.
- Zwiebel und Knoblauch glasig anbraten.
- Tomaten, Paprika und alle Gewürze zugeben und für 10 Minuten bei mittlerer Stufe, unter gelegentlichem Umrühren, dünsten.

- Auberginen und Zucchini zugeben und unter gelegentlichem Umrühren, weitere 15 Minuten dünsten.
- Mit einer Beilage nach Wahl servieren.
- Optional mit geriebenem Parmesan bestreuen.

Süßkartoffelauflauf

Zutaten (4 Personen)

- 800g Süßkartoffeln
- 400 g gehackte Tomaten
- 250 g passierte Tomaten
- 2 Zwiebeln
- 1 Knoblauchzehe
- 2 EL gehackte Erdnüsse
- 1 EL Erdnussbutter
- 1 TL Chilipulver
- 3 Prisen Salz
- 2 EL (Erdnuss)Öl zum Anbraten

Beilage: Reis

Zubereitung

- Backofen auf 180 Grad C Umluft vorheizen.
- Zwiebeln in Scheiben schneiden, Süßkartoffeln würfeln, Knoblauchzehe pressen.
- Zusammen in einem mit Öl erhitzen Topf 10 Minuten, bei mittlerer Hitze andünsten.
- Tomaten mit Gewürzen zugeben und weitere 5 Minuten köcheln lassen.

- Erdnussbutter zugeben und in eine Auflaufform geben.
- Erdnüsse darüber verteilen und in einer Auflaufform für 30 Minuten im Backofen backen.

Kartoffel Curry

Zutaten (4 Portionen)

- 8 Kartoffeln
- 1 Dose gehackte Tomaten (400g)
- 1 Dose Kokosmilch (400g)
- 1 Zwiebel
- 3 Knoblauchzehen
- 100 ml Gemüsebrühe
- 1 TL Curry
- 1 TL Ingwer
- ¼ TL Cayennepfeffer
- 1 TL Kurkuma
- 1 TL Salz
- 3 EL (Raps)Öl

Zubereitung

- Knoblauchzehe pressen, Zwiebel und Kartoffel würfeln.
- Öl wird in einem Topf erhitzen und die Zwiebel glasig abraten.
- Knoblauch hinzugeben und ebenfalls zwei Minuten lang glasig anbraten.

- Gewürze unterrühren und kurz mitbraten.
- Mit Gemüsebrühe ablöschen und Kokosmilch sowie Tomaten hinzugeben.
- Das Kartoffel Curry 30 Minuten köcheln lassen.
- Wenn die Kartoffeln gar sind, in vorgewärmten Tellern servieren.

Spaghetti mit Champignons

Zutaten (4 Portionen)

- 250 g Spaghetti
- 1 Zwiebel
- 1 Zucchini
- 250 g Champignons
- 1 TL Kreuzkümmel
- 1 EL Currypulver
- 4 EL Schnittlauch oder Petersilie (frisch oder TK)
- 2 EL Sojasauce
- 3 EL (Sesam)Öl zum Anbraten
- Pfeffer und Salz

Zubereitung

- Spaghetti nach Packungsangabe kochen.
- Zwiebel würfeln, Champignons und Zucchini in dünne Scheiben schneiden.
- Öl in einer Pfanne erhitzen, Zwiebel darin glasig anbraten.
- Champignons dazugeben und 3 Minuten mitbraten.
- Zucchini, Kümmel, Curry zugeben und 5 Minuten braten.
- Spaghetti, Sojasauce, Pfeffer, Schnittlauch (Petersilie) dazugeben und gut vermischen.

Spaghetti Napoli

Zutaten (4 Portionen)

- 500 g Spaghetti
- 4 Tomaten
- 1 Dose gehackte Tomaten
- 1 Zwiebel
- 100 ml Wasser
- 2 EL Olivenöl zum Anbraten
- Pfeffer und Salz

Zubereitung

- Spaghetti nach Packungsangabe kochen.
- Zwiebel fein würfeln und Tomaten in Stücke schneiden.
- Öl in einer Pfanne erhitzen und Zwiebel glasig anbraten.
- Wasser, Tomaten und gehackte Tomaten zugeben.
- 20 Minuten, bei mittlerer Hitze köcheln lassen.
- Die Soße mit einem Pürierstab pürieren.
- Mit Salz und Pfeffer abschmecken und mit den Spaghetti servieren.

Schnelle Käsenudeln

Zutaten

- 250 g Nudeln
- 150 g Gouda
- 4 EL Schnittlauch oder Petersilie (frisch oder TK)
- 2 EL Sojasauce
- 3 EL (Oliven)Öl zum Anbraten
- Pfeffer und Salz

Zubereitung

- Nudeln nach Packungsangabe kochen.
- Gouda reiben oder fein schneiden.
- Schnittlauch fein hacken.
- Nudeln durch ein Nudelsieb abgießen und abtropfen lassen.
- Öl in einer Pfanne erhitzen und die Nudeln kurz darin schwenken.
- Gouda zugeben, kurz durchmischen und den Schnittlauch sowie Salz und Pfeffer hinzugeben.
- Regelmäßig umrühren, bis der Gouda geschmolzen ist.

Bohnengemüse mit Reis

Zutaten (4 Portionen)

- 300 g Bohnen (rot, aus der Dose)
- 350 g Basmatireis
- 1 Paprika
- 150 g Zuckerschoten
- 2 Knoblauchzehen
- 2 cm Ingwer
- 2 EL Sojasoße
- 2 EL Chilisoße
- 100 ml Gemüsebrühe
- ½ TL Speisestärke
- 2 EL Sesamöl
- 1 TL Pfeffer

Zubereitung

- Reis nach Packungsangabe zubereiten und anschließend in ein Sieb abgießen.
- Paprika entkernen und in Streifen schneiden.
- Knoblauch und Ingwer fein hacken. Zuckerschoten waschen und putzen.
- Öl in einer großen Pfanne (oder Wok) erhitzen und

Paprikastreifen, Zuckerschoten, Knoblauch und Ingwer zugeben.

- Bei mehrmaligem Rühren scharf anbraten.
- Sojasoße mit Chilisoße und Gemüsebrühe sowie etwas Speisestärke verrühren und in die Pfanne gießen.
- Bohnen zugeben und alles noch einmal für etwa 2 Minuten leicht köcheln lassen.
- Das Bohnengemüse in tiefen Tellern anrichten und mit Reis dazu servieren.

Pichelsteiner

Zutaten

- 40 g Soja Würfel (Trockenprodukt)
- 400 g Kartoffel
- 200 g Kohlrabi
- 200 g Karotten
- 200 g Sellerie
- 1 Stange Lauch
- 1 Zwiebel
- 3 EL (Raps)Öl
- 1000 ml Gemüsebrühe
- 2 Prisen Muskat
- Salz und Pfeffer zum Abschmecken
- 4 EL Petersilie zum Garnieren

Zubereitung

- Zwiebel klein hacken und Gemüse in kleine Würfel oder Scheiben schneiden.
- Sojawürfel in der Gemüsebrühe aufkochen und 10 Minuten ziehen lassen.
- Sojawürfel mit einem Sieb aus der Gemüsebrühe nehmen.
- Gemüsebrühe beiseitestellen.
- Öl in einem Topf erhitzen.
- Im Topf Zwiebel, Lauch, Kartoffel, Kohlrabi, Sellerie,

Karotten und Sojawürfel schichtweise zugeben.

- Jede Schicht leicht mit Salz, Pfeffer und Muskat würzen.
- Mit Gemüsebrühe übergießen, bis das Gemüse zu ¾ bedeckt ist.
- Zugedeckt für 30 Minuten, bei mittlerer Hitze köcheln lassen. Dabei nicht umrühren!
- Wenn die Kartoffeln bissfest sind, umrühren und mit Petersilie garniert servieren.

King Pao Tofu Bowl

Zutaten (4 Personen)

- 400 g Naturtofu
- 5 Frühlingszwiebeln
- 2 Paprika
- 2 Knoblauchzehen
- 100 g ungesalzene Erdnüsse
- 5 EL Sojasauce
- 2 EL Speisestärke
- 3 Prisen Chilipulver
- 3 Prisen Ingwer
- 2 TL Zitronensaft
- 1 EL Reisessig
- 1 TL Zucker
- 6 EL (Erdnuss)Öl zum Anbraten

Beilage: Reis

Zubereitung

- Tofu mit Küchenpapier abtrocknen und in Würfel schneiden.

- Mit 4 EL Sojasauce vorsichtig verrühren und 5 Minuten ziehen lassen.
- Danach Speisestärke zugeben und nochmal vorsichtig verrühren, so dass die Tofuwürfel bedeckt sind.
- Knoblauchzehen pressen, Paprika und Frühlingszwiebel in Streifen schneiden.
- Große Pfanne oder Wok, mit 2 EL Öl erhitzen und die Tofuwürfel, von allen Seiten, bei mittlerer Hitze, etwa 10 Minuten goldbraun braten.
- Tofu auf einen Teller beiseitestellen.
- In einer kleinen Schüssel restliche Sojasauce, 2 EL Öl, Reisessig und Zucker miteinander verrühren.
- Das restliche Öl in die Pfanne geben. Erhitzen und die Frühlingszwiebel mit Paprika, bei mittlerer Hitze 5 Minuten andünsten.
- Erdnüsse, Chilipulver, Zitronensaft und Ingwer in die Pfanne geben und weitere 5 Minuten, unter häufigem Rühren anbraten.
- Die angerührte Sauce zugeben und 2 Minuten weiterkochen lassen.
- Mit Reis servieren.

Rote Linsenbratlinge

Zutaten (4 Portionen)

- 200 g Linsen
- 2 Zwiebeln
- 1 Lauch
- 1 Karotte
- 100 g Champignons
- 4 EL Mehl
- 1 EL Oregano
- Salz und Pfeffer nach Belieben
- 3 EL (Oliven)Öl zum Braten

Zubereitung

- Die Linsen über Nacht einweichen.
- Linsen in ein Sieb schütten und abtropfen lassen.
- Zwiebeln, Lauch, Karotten, Champignons und schneiden und mit den Linsen, Salz, Pfeffer, Curry, Oregano, Chili pürieren.
- Mehl hinzufügen. (Die Masse ist nun ziemlich klebrig.)
- Formen Sie jetzt mit einem Esslöffel kleine Bratlinge.
- Öl in einer Pfanne erhitzen und die Linsenbratlinge darin, von beiden Seiten anbraten.

Gemüsepfanne

Zutaten (4 Portionen)

- 1 Pastinake
- 2 Karotten
- 2 Kohlrabi
- 1 Paprika
- 2 EL Erdnussbutter
- 200 ml Gemüsebrühe
- 4 TL Sojasauce
- 2 TL Zitronensaft
- 50 g Erdnüsse, geröstet und gesalzen
- 1 EL Koriander
- Salz und Chilipulver

Zubereitung

- Pastinake, Möhren, Kohlrabi und Paprika waschen und in mundgerechte Würfel schneiden.
- Öl in einer Pfanne erhitzen und Kohlrabi und Paprika, bei mittlerer Hitze 5 Minuten anbraten, dabei immer wieder umrühren.
- Pastinake und Karotten zugeben und weitere 5 Minuten garen.
- Erdnussbutter und Gemüsebrühe zugeben und verrühren.

Alle restlichen Zutaten zufügen und abschmecken.

- Vor dem Servieren mit den Erdnüssen bestreuen.
- Gemüse kann je nach Saison natürlich abgeändert werden!

Nudelsalat

Zutaten (4 Portionen)

- 500 g Nudeln (Fusilli)
- 2 Packungen Sahne
- 250 g Räuchertofu
- 1 Dose Erbsen
- 100 g schwarze Oliven
- 1 Dose Mais
- 1 Bund Lauchzwiebeln
- 1 EL Zitronensaft
- 3 EL (Raps)öl
- etwas Rotweinessig
- Salz und Pfeffer

Zubereitung

- Die Nudeln in Salzwasser al dente kochen und kalt abschrecken.
- Mais und Erbsen abgießen, abspülen und abtropfen.
- Lauchzwiebeln in Ringe schneiden.
- Tofu abtrocknen und in kleine Würfel schneiden
- Öl in einer Pfanne erhitzen und Tofu darin goldbraun anbraten.

- Tofu aus der Pfanne holen. Das Öl in der Pfanne lassen.
- Sahne zugeben und aufkochen lassen.
- Mit Essig, Salz, Pfeffer und Zitronensaft abschmecken.
- Tofu, Mais, Oliven, Lauchzwiebeln und Nudeln zugeben, umrühren und 5 Minuten ziehen lassen.

Nachtisch, Dessert

Schokoladenmousse

Zutaten (4 Personen)

- 200 g Zartbitterschokolade
- 1 Ei
- 1 Eigelb
- 1 TL Weinbrand
- 400 g Sahne

Zubereitung

- Schokolade im Wasserbad schmelzen lassen.
- Ei mit Eigelb in einer Schüssel, im heißen Wasserbad schaumig schlagen.
- Schokolade und Weinbrand mit Schneebesen unterheben.
- Sahne steif schlagen und unter die lauwarme Mousse unterheben.
- Die Mousse auf Schälchen verteilen und für eine Stunde in den Kühlschrank stellen.

Erdbeer – Bananenshake

Zutaten

- 200 g Erdbeeren
- 1 Banane
- 500 ml Milch
- 1 EL Zucker

Zubereitung

- Alle Zutaten zusammen in einem Mixer oder in einer Schüssel mit einem Pürierstab pürieren.
- Den Shake in Gläser abfüllen.

Marzipan Nougat Ecken

Zutaten

- 200 g Marzipanrohmasse
- 175 g Nougat
- 150 g Puderzucker

Zum Verzieren:

- 200 g Zartbitterschokolade
- 50 g gehackte Pistazienkerne

Zubereitung

- Das Marzipan leicht erwärmen und mit Puderzucker verkneten.
- Diese Masse zwischen zwei Lagen Backpapier gut ½ cm dick und zu einem Rechteck ausrollen.
- Nougat gerade so sehr über einem Wasserbad erwärmen, dass er streichfähig wird. Gleichmäßig auf das Marzipan streichen.
- Nun die Marzipan-Nougat-Masse von der langen Seite her aufrollen, so dass eine Rolle entsteht.
- In Folie gewickelt, für 2 Stunden kaltstellen.
- Die Zartbitterschokolade schmelzen.
- In der Zwischenzeit von der Marzipanrolle mit einem scharfen Messer mundgerechte Ecken abschneiden.
- Die entstandenen Ecken in die Schokolade tauchen.
- Mit Pistazien bestreuen und abkühlen lassen.

Erdbeereis

Zutaten

- 150 g Erdbeeren
- 2 TL Zucker
- 4 EL Milch nach Belieben

Zubereitung

- Erdbeeren waschen, klein schneiden und über Nacht einfrieren.
- Erdbeeren aus dem Gefrierfach nehmen und für 15 Minuten antauen lassen.
- Mit den anderen Zutaten pürieren.

Bananen Cookies

Zutaten (12 – 15 Cookies)

- 2 reife Bananen
- 100 g Kokosraspeln
- 1 Päckchen Vanillezucker

Zubereitung

- Backofen auf 180° C Umluft vorheizen.
- Die Bananen schälen und in Scheiben schneiden.
- Die Scheiben zusammen mit den Kokosraspeln und dem Vanillezucker in einer Schüssel pürieren.
- Ein Backblech mit Backpapier auslegen und den Teig mit einem Esslöffel portionsweise darauf verteilen.
- Die Portionen etwas flach drücken und mit dem Esslöffel etwas formen.
- Die Cookies 20 bis 25 Minuten backen, bis der Rand leicht gebräunt ist.

Brownies

Zutaten

- 80 g Zartbitterschokolade
- 180 g Mehl
- 200 g Zucker
- 50 g Kakaopulver
- 1 Päckchen Vanillezucker
- 1 TL Backpulver
- ½ TL Zimt
- 100 ml Milch
- 100 ml Honig
- 100 ml Rapsöl
- 100 ml Apfelsaft

Zubereitung

- Backofen auf 180° C Grad vorheizen.
- Auflaufform mit Backpapier auslegen.
- Schokolade mit einem Messer kleinhacken.
- In einer Schüssel Mehl, Zucker, Kakao, Vanillezucker, Zimt und Backpulver vermischen.
- Milch, Honig, Öl und Apfelsaft vermischen und zur Mehlmischung gießen.
- Den Teig mit den Quirlen des Handrührgeräts für 2 Minuten auf höchster Stufe mixen.

- Schokolade unterheben.
- Teig in die Auflaufform füllen und glattstreichen.
- Im Backofen etwa 40 Minuten backen.
- Abkühlen lassen.
- Brownies in gewünschte Stücke schneiden.

Popcorn

Zutaten

- 50 g Popcornmais
- 40 g Butter
- 40 g Zucker
- 1 EL Honig
- 1 EL (Raps)Öl
- 70 g Cashewkerne

Zubereitung

- Butter, Zucker und Honig in einem Topf erhitzen.
- Bei hoher Stufe, unter ständigem Rühren 2 Minuten kochen und danach beiseitestellen.
- Cashewkerne in einer Pfanne, auf mittlerer Stufe 4 Minuten und Rühren goldbraun rösten. Danach auf einen Teller legen.
- Popcornmais nach Anleitung im Topf mit Öl aufpoppen lassen. Gelegentlich dabei am Topf rütteln und den Deckel festhalten.
- Popcorn und Cashewkerne mit der Karamellsauce übergießen und gut vermischen.
- Das Popcorn auf ein mit Backpapier ausgelegtes Backblech legen, verteilen und abkühlen lassen.
- Erst servieren, wenn es gut trocken ist.

Schokocrossies

Zutaten

- 100 g Cornflakes
- 200 g Zartbitterschokolade

Zubereitung

- Im Wasserbad die Schokolade schmelzen.
- Wenn die Schokolade komplett geschmolzen ist, die Cornflakes unterrühren.
- Backblech mit Backpapier auslegen.
- Mit einem Teelöffel kleine Portionen auf das Backblech legen und solange in den Kühlschrank stellen bis die Schokocrossies fest sind.

Schokoladenmuffins

Zutaten

- 300 g Mehl
- 250 g Zucker
- 50 g Kakaopulver
- 1 Packung Backpulver
- 7 EL Rapsöl
- 350 ml Wasser
- 1 Prise Salz
- Muffin - Papierförmchen

Zubereitung

- Backofen auf 180° C Umluft vorheizen.
- Mehl mit Kakaopulver, Backpulver, Zucker, Salz, Öl und Wasser gut verrühren.
- Teig in kleine Muffin-Papierförmchen füllen und für ca. 30 Minuten backen.

Käsekuchencreme

Zutaten (4 Portionen)

- 500 g Magerquark
- 500 ml Milch
- 50 g Zucker
- 1 Päckchen Vanillepuddingpulver
- 1 Spritzer Butter-Vanille Aroma

Zubereitung

- Vanillepuddingpulver mit 6 EL der Milch verrühren.
- In einem Topf restliche Milch aufkochen und mit dem verrührten Puddingpulver aufkochen.
- Pudding vom Herd nehmen und den Magerquark unterrühren.
- Butter- Vanille- Aroma einrühren und mit Zucker abschmecken.
- Käsecreme abkühlen lassen.

Erdbeer – Tiramisu im Glas

Zutaten

- 700 g Erdbeeren
- 150 g Kekse (Amarettini - oder zerkleinerte Löffelbiskuits)
- 150 g Sahne
- 350 g Quark
- 70 g Zucker
- etwas Amaretto

Zubereitung

- Erdbeeren klein schneiden.
- Die Kekse mit etwas Amaretto übergießen.
- Die Sahne schlagen und Quark mit Zucker unterrühren.
- Einige Kekse ins Glas schlichten, dann eine Schicht Creme darauf verteilen.
- Erdbeeren über die Creme verteilen.
- Über den Erdbeeren etwas Creme geben und mit 1-2 Keksen dekorieren.
- Im Kühlschrank 2 Stunden durchziehen lassen.
- Auch mit Himbeeren sehr lecker!

Kokos Chiapudding

Zutaten (2 Portionen)

- 200 ml Kokosdrink
- 8 EL Chia-Samen
- ½ TL Vanillezucker
- 2 EL Zucker
- 2 EL gehackte vegane Zartbitterschokolade

Zubereitung

- Kokosdrink mit Vanillezucker vermischen.
- Chiasamen unterrühren.
- Alle restlichen Zutaten zugeben, gut verrühren und kaltstellen.
- 40 Minuten quellen lassen. Dabei gelegentlich umrühren.
- Gut gekühlt servieren.

Gebackene Banane

Zutaten (2 Portionen)

- 2 Bananen
- 2 EL Chiasamen
- 1 EL Honig
- 1 EL Paniermehl
- 1 Prise Zimt
- 1 Prise Vanillezucker
- (Kokos)öl zum Ausbacken

Zubereitung

- Die geschälten Bananen längs halbieren.
- Die Bananen mit Honig bestreichen.
- Restliche Zutaten, außer Öl, miteinander vermengen.
- Die Bananen in der Mischung wälzen.
- Öl in einer Pfanne erhitzen und die Bananen darin ausbacken.
- Die gebackenen Bananen mit Chiasamen garniert servieren.

Muffins

Zutaten (12 Muffins)

- 100 g Mehl
- 50 g Speisestärke
- 1 Apfel
- 1 Birne
- 1 Ei
- 1 TL Backpulver
- 1 Prise Salz
- 12 Muffin - Papierförmchen

Zubereitung

- Backofen auf 180 °C Umluft vorheizen.
- Apfel und Birne schälen, entkernen und fein reiben.
- Ei in eine Schüssel aufschlagen, Salz zugeben und mit einem Handrührgerät schaumig schlagen.
- Geriebenen Apfel und Birne zumischen.
- Mehl, Backpulver und Speisestärke in einer zweiten Schüssel mischen und dann löffelweise zum Ei unterrühren.
- Muffinförmchen in das Muffinbackblech geben und mit Teig befüllen.
- Für 45 Minuten im Ofen backen und mit einer Stäbchenprobe kontrollieren, ob die Muffins fertig sind.
- Das Muffinbackblech auf einem Kuchengitter, mit den

Muffins abkühlen lassen.

- Die Muffins können auch ohne Papierförmchen gebacken werden, dann allerdings das Muffinbackblech mit Butter einfetten. Nach der Backzeit ein paar Minuten warten und die Muffins zum vollständigen Auskühlen aus dem Blech nehmen.

Süßer Couscous

Zutaten (4 Portionen)

- 400 g Couscous, nach Packungsbeilage zubereitet
- 8 Datteln (entkernt)
- 1 Granatapfel
- 5 EL Rosinen
- Heißes Wasser zum Quellen der Rosinen
- 4 EL Mandelblättchen
- 3 EL Butter
- 3 EL Orangensaft
- 4 TL Zimt
- 2 EL Honig
- 1 Prise Salz
- 4 EL Puderzucker zum Garnieren

Zubereitung

- Rosinen in eine Schüssel geben und mit heißem Wasser überbrühen und quellen lassen.
- Rote Fruchtkerne aus Granatapfel lösen, Datteln achteln.
- Mandelblättchen in einer Pfanne ohne Fett hellbraun rösten.
- In den fertigen Couscous die Butter unterrühren.

- Rosinen abgießen und abtropfen lassen.
- Alle Zutaten, außer Puderzucker, mit dem Couscous vermischen.
- Auf kleine, vorgewärmte Schälchen portionieren und mit Puderzucker bestäubt servieren.

Butterplätzchen

Zutaten

- 300 g Mehl
- 250 g Butter
- 175 g Zucker
- 1 Päckchen Vanillezucker
- 1 EL Milch
- 1 Prise Salz

Zubereitung

- Butter in einem Topf zerlassen und für 30 Minuten in den Kühlschrank stellen.
- Butter, Zucker und Vanillezucker in eine Schüssel geben und alles cremig schlagen
- Mehl und Milch nach und nach zugeben.
- Den Teig für 30 Minuten in den Kühlschrank stellen.
- Backofen auf 180° C Umluft vorheizen.
- Die Arbeitsfläche bemehlen und den Teig darauf ausrollen.
- Mit Ausstechförmchen, Plätzchen ausstechen und auf ein mit Backpapier belegtes Backblech legen.
- Für etwa 10 Minuten im Backofen goldbraun backen.
- Abkühlen lassen und in einem verschließbaren Gefäß aufbewahren.

Vanillekipferl

Zutaten

- 275 g Mehl
- 200 g Butter
- 100 g gemahlene Mandeln
- 75 g Zucker
- 50 g Puderzucker
- 2 Eigelb
- 2 Päckchen Vanillezucker
- 1 Prise Salz

Zubereitung

- Mehl, Mandeln, Zucker, Butter, Eigelb, Vanillezucker und Salz in eine Schüssel geben und alles zu einem Teig verkneten.
- Teig in Frischhaltefolie einwickeln und für eine Stunde in den Kühlschrank legen.
- Backofen auf 180° C Umluft vorheizen.
- Die Arbeitsfläche bemehlen und aus dem Teig ca. 1,5 cm dicke Rollen formen.
- Die Rollen in 4 cm lange Stücke schneiden und zu Kipferl formen.
- Kipferl auf ein mit Backpapier ausgelegtes Backblech legen.
- Kipferl für etwa 10 Minuten in den Backofen geben.

- Puderzucker über die noch warmen Kipferl sieben.
- Abkühlen lassen und in einem verschließbaren Gefäß aufbewahren.

Haferflockenkekse

Zutaten (20 Kekse)

- 200 g Haferflocken
- 2 reife Bananen
- 100 g Mehl
- 100g Naturjoghurt
- 50 ml Milch
- 1 Päckchen Backpulver
- 1 Prise Salz

Zubereitung

- Backofen auf 180° C Umluft vorheizen.
- Bananen mit einer Gabel zerdrücken.
- In einer großen Schüssel Bananen, Joghurt und Milch miteinander verrühren.
- In einer zweiten Schüssel Haferflocken, Mehl, Backpulver und Salz miteinander vermengen.
- Die zweite Schüssel zur ersten unterheben und zu einem Teig verarbeiten.
- Aus dem Teig kleine Taler formen und auf ein mit Backpapier ausgelegtes Backblech geben.
- Im Ofen für 10 – 15 Minuten backen.
- Abkühlen lassen und in einem verschließbaren Gefäß aufbewahren.

Schneller Apfel Blätterteigstrudel

Zutaten

Für den Teig

- 1 Packung veganer Blätterteig (275g)
- 2 Äpfel, geschält und entkernt (250g – 300 g)
- 20 g Honig
- 1 TL Zimt
- 1 Prise Salz
- Optional 1 Päckchen Vanillezucker

Zubereitung

- Backofen auf 180 C Umluft vorheizen.
- Blätterteig auf einem mit Backpapier belegtem Backblech ausrollen. Der Blätterteig kann in 2-3 Strudel unterteilt werden.
- Äpfel in kleine Würfel oder dünne Scheiben schneiden.
- Alle Zutaten miteinander vermischen.
- Die Apfelmasse auf dem Blätterteig verstreichen und am Rand etwa 1 cm frei lassen.
- Blätterteig zu einem Strudel rollen.
- Den Blätterteig außen mit Wasser befeuchten und im Ofen für 16 Minuten fertig backen.

  Den Strudel kann man warm und kalt servieren.

Schokoladenkuchen

Zutaten

Teig:

- 300 g Mehl
- 250 g Zucker
- 5 EL Kakaopulver
- 125g Zartbitterschokolade, gehackt
- 1 Päckchen Backpulver
- 350 ml Milch
- 4 EL Rum
- 130 ml (Raps)Öl
- 2 TL Johannisbrotkernmehl

Verzierung:

- 150 g Zartbitterschokolade

Zubereitung

- Backofen auf 180° C Umluft vorheizen.
- Für den Teig alle trockenen Zutaten in einer Schüssel mischen.
- Milch, Rum und Öl zufügen und mit einem Handrührgerät zu einem geschmeidigen Rührteig verarbeiten.
- Den Teig in eine mit Backpapier ausgelegte Springform füllen.
- Im Ofen 45 Minuten backen.

Rotweinkuchen

Zutaten

- 200 g Margarine
- 250 g Mehl
- 150 g Schokoladenraspel
- 125 ml Rotwein
- 50 g gehackte Haselnüsse
- 4 Eier
- 200 g Zucker
- 1 Päckchen Vanillezucker
- 1 Päckchen Backpulver
- 2 TL Kakaopulver
- 1 TL Zimt
- 1 TL Rum
- Puderzucker zum Bestreuen

Zubereitung

- Backofen auf 180° C Umluft vorheizen.
- Eier schaumig schlagen.
- Zucker und Vanillezucker zugeben und weiter schaumig schlagen.
- Margarine unter Rühren zugeben.
- Restliche Zutaten einzeln zugeben und verrühren.
- Teig in eine gut gefettete Kastenform füllen.

- Im Ofen ca. 40 Minuten backen.
- Mit einem Stäbchen testen, ob der Kuchen richtig durchgebacken ist.
- Den Kuchen auf ein Kuchengitter geben und abkühlen lassen.
- Mit Puderzucker bestreuen.
- Als Partyhäppchen kann man den Kuchen auch in Muffinförmchen zubereiten.

Haftungsausschluss

Die Umsetzung aller enthaltenen Informationen, Anleitungen und Strategien dieses Buches erfolgt auf eigenes Risiko. Für etwaige Schäden jeglicher Art kann der Autor aus keinem Rechtsgrund eine Haftung übernehmen. Für Schäden materieller oder ideeller Art, die durch die Nutzung oder Nichtnutzung der Informationen bzw. durch die Nutzung fehlerhafter und/oder unvollständiger Informationen verursacht wurden, sind Haftungsansprüche gegen den Autor grundsätzlich ausgeschlossen. Ausgeschlossen sind daher auch jegliche Rechts- und Schadensersatzansprüche. Dieses Werk wurde mit größter Sorgfalt nach bestem Wissen und Gewissen erarbeitet und niedergeschrieben. Für die Aktualität, Vollständigkeit und Qualität der Informationen übernimmt der Autor jedoch keinerlei Gewähr. Auch können Druckfehler und Falschinformationen nicht vollständig ausgeschlossen werden. Für fehlerhafte Angaben vom Autor kann keine juristische Verantwortung sowie Haftung in irgendeiner Form übernommen werden.

Impressum

2021

ISBN: 9798586062550

E-Mail: monja.pavic@freenet.de

Kontakt: Markus Mägerle, Am Kreisgraben 17, 93104 Riekofen

Printed in Germany
by Amazon Distribution
GmbH, Leipzig

24285437R00102